Sexo e reprodução

Fernando Gewandsznajder

(pronuncia-se Guevantznaider)

Licenciado em Biologia pelo Instituto de Biologia da Universidade Federal do Rio de Janeiro. Mestre em Filosofia pela Pontifícia Universidade Católica do Rio de Janeiro. Doutor em Educação pela Faculdade de Educação da Universidade Federal do Rio de Janeiro. Professor de Biologia do Colégio Pedro II.

editora ática

de olho na **ciência**

Sexo e reprodução

Diretor editorial	Fernando Paixão
Coordenação da edição	Leonardo Chianca (Jogo de Amarelinha)
Editora assistente	Angélica Pizzutto Pozzani
Texto ficcional	Denise Azevedo de Faria José Roberto Miney
Coordenadora de revisão	Ivany Picasso Batista
Revisora	Rita Costa
Arte	
Projeto gráfico de capa	Eduardo Rodrigues
Editora	Suzana Laub
Editor assistente	Antônio Paulos
Editoração eletrônica	Maps World Eduardo Rodrigues
Iconografia	Sílvio Kligin (coord.)
Ilustrações	Cláudio Chiyo Daniel Muñoz Eliane Martins Soares Pinto Hiroe Sasaki Joel Bueno
Imagem de capa	© Ron Alston/Photographer's Choice

CIP-BRASIL. CATALOGAÇÃO NA FONTE
SINDICATO NACIONAL DOS EDITORES DE LIVROS, RJ

G337s
16. ed.

Gewandsznajder, Fernando, 1949-
Sexo e reprodução / Fernando Gewandsznajder ; ilustrações Cláudio Chiyo... [et. al.]. - 16.ed. - São Paulo : Ática, 2004.
56p. : il - (De olho na ciência)

ISBN 978 85-08-09169-0
Contém suplemento de atividades

1. Educação sexual. 2. Ciências (Ensino fundamental). 3. Reprodução humana I. Título. II. Série.

05-1506. CDD 613.953
CDU 613.88

ISBN 978 85 08 09169-0 (aluno)
ISBN 978 85 08 09170-6 (professor)

2018
16ª edição
13ª impressão
Impressão e acabamento: Gráfica Bueno Teixeira

Av. Otaviano Alves de Lima, 4400 - CEP 02909-900 - São Paulo, SP
Atendimento ao cliente: 4003-3061 - atendimento@atica.com.br
www.atica.com.br

Sumário

Apresentação

Conversar sobre sexo com adolescentes hoje em dia não causa mais nenhuma estranheza.

Todas as revistas dedicadas ao público jovem apresentam matérias sobre o assunto. O tema não só está presente nas aulas de educação sexual, como também em novelas, em programas de televisão, nos filmes... Isso sem falar na internet, onde são incontáveis os *sites* que procuram tirar dúvidas dos jovens internautas.

Certamente, a geração de adolescentes deste início de século é mais bem informada do que qualquer outra que a antecedeu. Isso não impede, contudo, que muitos jovens tenham dúvidas e estejam confusos a respeito de fidelidade, namoro, casamento ou virgindade. E, apesar de toda a informação, pesquisa recente da Unesco mostrou que 18% dos jovens entrevistados disseram não usar camisinha nas relações sexuais. Além do risco de contágio por doenças sexualmente transmissíveis, não usar camisinha é um dos fatores que explicam o crescimento de casos de gravidez na adolescência em nosso país.

Talvez isso indique que se fala muito, mas não se discute sexo com a necessária profundidade, ou não se inclui adequadamente o jovem nessa discussão.

Este livro busca justamente isso: não apenas informar, mas também debater. Ele leva em conta que a sexualidade humana vai além da reprodução. Envolve sentimentos e, além disso, começa a se manifestar num momento de intensas mudanças para o jovem: ele tem de conviver com um corpo em transformação, passa a sentir novos desejos, enfrenta novas escolhas...

Falar de sexo, conflitos, mudanças, da busca de identidade – enfim, das principais vivências que envolvem a adolescência – é o que procuramos fazer nas páginas a seguir.

Para uma conversa séria...

I

— Alô, Edu. Aqui é Renata. O Rodrigo ainda está aí ensaiando?

— Oi, Rê. Ele está sim, espere um pouco...

— Alô, gata! Tudo bem? Diz aí...

— Sabe, eu preciso falar muito com você. É superimportante.

— Aconteceu alguma coisa? Você está esquisita! Pode falar...

— Bom... não tenho certeza... ainda... Quer dizer, não quero falar por telefone. Será que a gente pode se encontrar lá na lanchonete da Vivi umas cinco horas?

— Claro, a gente está terminando por aqui. Vou passar em casa rapidinho pra tomar um banho e a gente se encontra lá.

— Não demore muito, tá? Preciso desligar agora. Um beijo.

— Um beijo, gata.

Rodrigo coloca o fone no gancho e vira-se para o primo, Edu, dizendo:

— Cara, acho que pintou algum problema na casa da Renata. Ela estava muito estranha, muito estranha mesmo...

— Que problema? O pessoal da Rê se dá tão bem! Calminha, meu... Por que você não guarda a bateria, pra minha mãe não ficar reclamando da bagunça, e vai logo se encontrar com ela?

— Será que você não podia fazer isso pra mim? A Renata pediu pra eu não me atrasar e...

— Tudo bem, eu quebro essa pra você. Mas não é pra acostumar, hein? Vai, boa sorte!

— Falou, Edu. Depois a gente conversa.

Quando Rodrigo chega ao local do encontro, Renata já está lá, conversando com Vivi, dona da lanchonete. Ao ver o namorado se aproximando, Renata interrompe a conversa. Vivi cumprimenta Rodrigo e se afasta.

— Oi, gato. Que bom que você chegou. Sente aqui pertinho de mim...

— Eu estou com a sensação de que não vou gostar da conversa. Pelo jeito é muito séria, porque você nunca liga na hora do meu ensaio.

— É, eu sei. Não queria te perturbar, mas não estava aguentando esperar mais!

— Esperar o quê, Renata? Diga logo! Seja lá o que for, a gente segura a onda... A gente está junto em qualquer situação!

— Olha, estou na maior enrascada da minha vida... É melhor ser direta: eu acho que estou grávida. É isso.

— Mas Rê, você me disse que... Você está tomando pílula... Não pode ser! Eu achei que estava tudo bem...

— Olha, Rodrigo, estava tudo bem. Mas aquele final de semana lá na praia, no mês passado... Pois é, eu esqueci de levar a cartela de pílulas e fiquei uns dois dias sem tomar. Aí aconteceu...

— Mas você tem certeza, gata? Ai, meu Deus, estou perdido...

— Você está perdido?! E eu? Eu é que vou me danar! E o pior é que nem sei como controlar o que estou sentindo: uma mistura de raiva e pena de mim mesma, e de você também. O que a gente vai fazer?

— Como é que eu vou saber? Eu sempre achei que isso nunca fosse acontecer comigo, mas agora tá aí, essa bomba... Desculpe, não tô culpando você. Acho que naquele final de semana eu forcei um pouco a barra. Nem perguntei se tudo bem...

— Gato, eu gosto muito de você e na hora não pensei nas consequências, arrisquei...

— Vamos tentar ficar calmos e pensar juntos no que fazer. Você falou com mais alguém sobre isso?

— Não, não tive coragem de contar pra ninguém.

— Então vamos ter de achar coragem e falar com a minha mãe. A gente tem um relacionamento bem legal, ela tem a cabeça feita... Tenho certeza que vai dar uma força!

II

— Ihh!, dançou, cara! — falou Gabriel, desligando a tevê e indo para o seu quarto.

Estava sem sono e por isso ligou o computador que ficava sobre sua escrivaninha; começou a brincar com um desses jogos que ele adorava, para se distrair.

Naquela noite, porém, nem a paixão pelos computadores conseguia prender a sua atenção. Na verdade, o capítulo da minissérie que acabara de assistir tinha mexido com ele. E muito. Pensava naqueles dois personagens, no que estava acontecendo com eles. Pensava principalmente na sua *própria* vida, no seu relacionamento com a namorada, Maíra.

— Gabriel, eu não te entendo — tinha reclamado Maíra numa recente conversa que tiveram. — Você diz que gosta de mim, mas ao mesmo tempo acha que a gente não deve ficar muito junto. Por que isso? Eu me sinto tão bem do seu lado... Só acho que a gente podia conversar mais sobre nós: você e eu... Compreende? Sobre os problemas que enfrentamos, nossos planos...

— Olha, Maíra, meus pais acham que eu sou muito novo para um namoro mais sério. Eles me cobram de um lado, você me cobra do outro... Essa pressão toda é demais pra mim!

— Gato, eu não estou querendo te cobrar nada, só gostaria que você se abrisse mais comigo, pra que eu também pudesse falar mais de mim... Uma das poucas coisas que você me contou é que já tem experiência, mas nunca conversamos sobre se a gente devia ou não...

Confuso, com os pensamentos se embaralhando na cabeça, ele desligou o computador e foi para a cama. "Experiência", dissera Maíra. "Quanta experiência...", Gabriel fez uma ironia sobre si mesmo.

Mas, então, por que ele contava para todo mundo que tinha uma experiência e tanto? Adormeceu. Só teve tempo de chutar longe os tênis e puxar as cobertas.

No dia seguinte, já na escola, Gabriel estava ainda meio zonzo pela noite maldormida. Sentiu uma mão apertando seu ombro:

— Ei, Gabriel, passou a noite toda grudado no computador? Você está com uma cara! Ou então, humm, nem precisa me dizer... Você e a Maíra! — brincou Fábio, seu melhor amigo.

Esse tipo de brincadeira nem era muito comum que Fábio fizesse. Ao contrário de Gabriel, era reservado, meio tristonho. Fábio admirava no amigo justamente o jeito seguro e decidido. (Mal sabia ele que Gabriel gostaria de ter coragem de ser como Fábio: sem medo de mostrar o que sentia.) Os pais de Fábio moravam no interior e o rapaz tinha vindo para São Paulo para estudar. Morava na casa de uns parentes que o tratavam quase com indiferença.

— Não é nada disso que você está pensando, cara — respondeu Gabriel meio sem jeito.

— Tudo bem. Foi só uma gozação. Olha, foi bom te encontrar agora, antes da aula. Queria falar com você, te contar... Bom, você viu a minissérie ontem?

— O quê? Minissérie? — A pergunta o pegou de surpresa.

— Gabriel, não tem nada de mais ver uma minissérie na tevê, especialmente essa. Eu vejo, e gosto.

— Tudo bem, Fábio, eu também vejo. É que eu não esperava que você fosse tocar nesse assunto. Mas fale...

— Sabe o problema daqueles dois, o Rodrigo e a Renata? Acho que eu e a Tânia estamos passando pela mesma coisa... Eu não tenho bem certeza, ela não foi muito clara comigo. A verdade é a seguinte: eu sou superinexperiente, só li umas coisas, ouvi umas histórias de alguns amigos... A Tânia é minha primeira garota, *mesmo*. Você me entende? Aí eu pensei em você, que é bem mais escolado que eu. Tenho um montão de dúvidas, e acho que só posso me abrir com você.

— Olha, cara, vamos deixar pra depois? Vai ver você está preocupado à toa — Gabriel tentava fugir do assunto. Justo esse papo, logo agora. — E depois a minissérie...

— Ahá, quer dizer que vocês agora deram para acompanhar novelinha de tevê! Tsc, tsc, Gabriel... — interrompeu Humberto, que havia se aproximado. Era um garoto muito arrogante, daqueles que usam argumentos do tipo "Você sabe com quem está falando?", e imediatamente se escondem atrás de um sobrenome pomposo. Mas o pior era o seu jeito machão de tratar as garotas do colégio. Ninguém conseguia aturá-lo por muito tempo.

— Humberto! — cumprimentou Gabriel, quase aliviado pela chegada do colega. — Sem essa de tsc, tsc. Eu assisti um capítulo ou outro...

— Uma tonta aquela Renata. Vai ver achou que o cara ia casar com ela só por causa da gravidez! E o trouxa vai cair na conversa, o que é pior... — criticou Humberto.

— Então você assiste também? — rebateu Fábio, já com raiva do jeito prepotente do outro.

— Eu!? Eu, não! Quem assiste é minha irmã, eu vi por acaso, ontem.

Fábio e Gabriel riram com ironia.

— O que foi? Do que vocês estão rindo? — Humberto perguntou meio desafiador.

— Esquece, Humberto. Vamos indo que as aulas já vão começar... — disse Gabriel para encerrar o assunto. A conversa com Fábio não tinha mais como continuar.

Já no intervalo, Gabriel e Maíra se encontraram na lanchonete.

— Oi, gato! — cumprimentou a garota, dando um beijo no namorado em seguida. — Tudo bem com você? Essa sua carinha me diz que não...

— Oi, Ma... Foi só uma noite maldormida. Tá tudo em cima...

— Sabe — continuou Maíra —, eu vim pra escola torcendo pra que seus pais chegassem de viagem hoje... pra te liberar de tomar conta da casa. E aí a gente vai poder passar o fim de semana na praia. Puxa! Já estou contando os dias que faltam!

— Eles telefonaram dizendo que vão chegar hoje à tarde... Mas eu tive pensando em deixar essa viagem pra depois. Queria resolver umas coisas...

— Resolver umas coisas... — Maíra repetiu a frase como se estivesse pedindo mais explicações.

— É... Eu não sei como te dizer isso...

— Seja o que for, diga logo, ora! É um problema tão sério assim que você não pode nem comentar? Bom... Acho que já devia estar acostumada com esse seu jeito de sair pela tangente. Mas não estou...

— Maíra, por favor! Não vamos discutir agora! Olha, o intervalo acabou e acho melhor ir pra classe. A gente se fala depois. Tchau!

Maíra nem consigou responder: Gabriel se afastou com passos rápidos.

Tanto ela quanto ele mal conseguiram se concentrar nas aulas. Havia um clima estranho entre os dois. As horas demoraram uma eternidade para passar. Assim como também demorariam para passar os minutos em que

eles foram embora juntos, num silêncio pesado e triste.

Ao chegar em casa, Gabriel encontrou seus pais muito animados, querendo contar tudo sobre a viagem ao Nordeste, os lugares que haviam visitado, as compras que haviam feito.

Como sempre, tudo acabava numa "sessão cobranças". Mas dessa vez ele não estava com a menor disposição para desempenhar o papel de "filho com saudades".

Já no quarto, procurou entre os seus discos *aquele* que sempre ouvia quando estava aborrecido, e antes de tocá-lo ainda teve tempo de ouvir seus pais fazendo comentários sobre seu comportamento. "Comportamento... O que eles entendem do meu comportamento?", pensou Gabriel. "Mas e eu? O que *eu* entendo do meu comportamento?"

— Gabriel! — chamou a mãe, batendo na porta do quarto. — É o Fábio. Você atende aí mesmo?

Sem ânimo para retomar a conversa que o amigo iniciara de manhã, ele disse apenas:

— Fala pra ele que eu ligo mais tarde. Agora não posso atender.

Alguns instantes depois, já estava arrependido de não ter falado com Fábio. Afinal, era o seu melhor amigo. "Mas também, por que ele foi deixar acontecer isso?", desabafou. "O que eu posso fazer?", quis se desculpar. E sentindo uma espécie de tristeza, pensava ao mesmo tempo em Maíra, no convite dela para irem à praia e no que poderia acontecer lá... Não dava para deixar de comparar com a história de Rodrigo e Renata que tinha visto na tevê.

Gabriel aumentou o som.

III

Se já não tivesse combinado jantar na casa de Mauro, seu irmão mais velho, Maíra não estaria lá naquele momento. Nem a presença de Luciano, o sobrinho de que ela tanto gostava, a animou.

"Gabriel... Até quando vou continuar tentando? Toda vez que eu penso em conversar sério, você vem com uma desculpa, muda de assunto... Ou, então, a gente briga, e eu fico achando que a culpa é minha... Que droga!"

— Maíra, nem precisa dizer por que você está com essa cara! É o Gabriel, não é? — perguntou Mauro, interrompendo os pensamentos da garota. — Eu sei que não tem nada a ver eu ficar me intrometendo na sua vida, mas, puxa, eu acho que ele não combina com você. Ele parece meio travado e você tem outra cabeça, é sensível...

— Você não conhece mesmo o Gabriel — Maíra discordou. Ela sempre acreditou que o relacionamento deles tinha algo de especial. Mas ultimamente já não tinha tanta certeza assim.

— É, pode ser — concordou Mauro para não chatear a irmã. — Se ele for com a gente pra praia, quem sabe eu mude minha opinião. Se bem que você devia pensar mais no que eu disse sobre vocês dois...

Maíra já havia pensado e tomado uma decisão: no dia seguinte, iria conversar seriamente com Gabriel.

IV

— Cara, preciso te contar uma! — disse Humberto, ao se encontrar com Gabriel logo na entrada da escola. — O Fábio me ligou ontem à noite. Você acredita que ele está superpreocupado por que acha que a namorada está grávida? Achei que era piada!

— Claro, pra você tudo é motivo de piada! Acontece que para o Fábio isso é coisa séria. — Gabriel reagiu indignado ao comentário do outro.

— Qual é, Gabriel! Não precisa se alterar, cara! E se o assunto dele é tão sério assim, por que você não quis falar com ele ontem? O Fábio me contou que te ligou e você nem aí!

Em vez de responder, Gabriel foi saindo, dando a entender que precisava fazer algo com urgência. E precisava mesmo: encontrar Fábio. Ele devia estar desesperado, a ponto de ligar para o Humberto, que era mais um colega de classe do que um amigo.

Gabriel esperou fora da sala até o início da aula para ver se Fábio aparecia. Ninguém ainda o tinha visto.

Já fazia uns quinze minutos que o professor entrara na classe, quando Gabriel se dirigiu para o orelhão em frente à lanchonete.

— Alô, queria falar com o Fábio. Ele está?

A resposta que ouviu o pegou de surpresa: "Não. Ele nem dormiu em casa", respondeu uma voz mal-humorada.

Gabriel desligou o telefone e encostou na parede como que buscando um apoio. "E agora, o que eu faço? A culpa é toda minha!", pensou com raiva de si mesmo.

— Por que você não está na aula?

A pergunta de Maíra o tirou de seus pensamentos.

— Oi, Ma... O que você disse? Não prestei atenção...

— O que aconteceu? Você não entrou na sala e parecia nervoso... Tá tudo bem? —

perguntou ela, imaginando um jeito de começar a conversa que planejara na noite anterior.

— Pra ser sincero, eu não estou bem, não. Estou indo embora pra casa. Não estou nem um pouco a fim de assistir aula hoje.

— Poxa, Gabriel, mas eu tenho uma coisa importante pra conversar com você! — pediu Maíra, meio chateada e sentindo que não iria aguentar esperar até um outro encontro.

— Olha, não vai dar mesmo. Tô indo...

Gabriel se afastou silencioso. Pensava em Fábio. "Ele precisava falar comigo e eu não dei a menor atenção..." De repente, percebeu: estava fazendo o mesmo com Maíra! Virou-se para trás e ainda pôde vê-la, parada no mesmo lugar. Sentiu que devia voltar.

— Desculpe, gata. Parece que eu sempre acabo magoando as pessoas que gosto — falou ele, aproximando-se de Maíra. — Não é por querer, mas quando pinta um problema eu fico meio perdido, não consigo encarar. Sabe, o Fábio tá na pior, me procurou e eu não fiz nada... E agora você, querendo falar comigo e de novo eu ia pulando fora...

— O Fábio na pior? Como assim?

— Ele acha que a namorada dele, a Tânia, está grávida. Ele veio se abrir comigo porque me considera muito experiente. Se ele soubesse que não é nada disso... Eu também tenho mil dúvidas. E, pra dizer a verdade, acho que o Fábio tem até mais experiência do que eu. Você está entendendo o que eu quero dizer?

— Gato... — Maíra o abraçou com força. — É claro que entendo. Acho que no fundo já tinha entendido. Por isso eu queria conversar... Poxa, Gabriel, eu gosto muito de você. E eu sei que a gente pode enfrentar as barras juntos.

— Você não imagina como me faz bem ouvir isso. Faz tanto tempo que eu queria me abrir com você, mas tinha medo... É engraçado, eu sei tão bem tantas coisas, mas quando se trata de mim...

A adolescência é um período da vida em que se tem muitas dúvidas sobre as mudanças que começam a ocorrer no corpo e, principalmente, sobre sexo... Muitas perguntas podem ser respondidas de maneira objetiva, e é isso o que este livro pretende. Outras, nem tanto. Resolvê-las faz parte da vida de cada um.

VICKY KASALA/THE IMAGE BANK

1

Adolescência, um momento de muitas transformações

"O que é que está acontecendo com ele?" Muitos pais, aflitos, já devem ter feito essa pergunta depois de discutir com seu filho adolescente.

Às vezes, o jovem sente que tudo parece conspirar contra ele. Em outros momentos, ele sente que nunca houve nem vai haver melhor fase na vida. Há horas em que ele não está nem aí; em outras, quer saber de tudo, como se pudesse controlar os acontecimentos. Geralmente, o adolescente questiona o mundo dos adultos como uma forma de afirmar suas próprias ideias e sua identidade.

Usando um pouco de bom humor, podemos dizer que o adolescente faz coisas que as crianças nem sonham que sejam possíveis e que os adultos, muitas vezes, querem esquecer que já fizeram.

A verdade é que nessa fase o indivíduo passa por muitas transformações. Acontecem alterações biológicas – que são comuns a todos os jovens, de todas as partes do mundo. Ocorre também a influência da vida em sociedade. Muito do que pensamos e fazemos é influenciado pela cultura – isto é, o modo de vida de um grupo de pessoas em certa época: as crenças, o comportamento, a arte, a ciência, os costumes, a tecnologia etc. Por fim, há as mudanças individuais, quando cada um faz suas escolhas pessoais. Se você conhece bem sua turma, já sabe que cada um tem seu jeito: há aquele que é tímido, o que adora chamar a atenção, o engraçadinho, o estudioso, o distraído, o que gosta de dar conselhos...

Às vezes é difícil conviver com essas diferenças, mas geralmente é possível – e desejável – respeitá-las.

É marcante nessa fase o fato de o adolescente encontrar-se diante de uma série de questões sobre as quais ele deve tomar decisões com consciência, sabendo o que está fazendo.

Prepare-se: em relação a muitos assuntos, a decisão final será sua. No entanto, este livro pretende oferecer as informações necessárias para que você faça a melhor opção possível, estando sempre bem informado.

LELAND BOBBE/CORBIS

Em busca de sua própria identidade, o adolescente parece encontrá-la no grupo do qual faz parte, mesmo que para isso tenha de seguir uma série de códigos de vestuário e de comportamento que, em certa medida, acabam igualando uns aos outros.

Ele já não é criança

Há um momento na vida dos meninos em que seu corpo começa a apresentar grandes alterações. O crescimento torna-se mais rápido: de cerca de cinco centímetros por ano, na infância, pode chegar a dez centímetros por ano, na adolescência. O pênis e os testículos se desenvolvem; aparecem pelos nas axilas e ao redor do pênis (região chamada púbis).

No rosto, já se nota uma penugem que vai se transformando em barba. A voz começa a mudar e, aos poucos, fica mais grave. Finalmente, o corpo começa a produzir espermatozoides (as células reprodutoras do homem), o que significa que o rapaz já é capaz de gerar filhos. Os garotos costumam ter sua primeira ejaculação, como consequência da masturbação ou mesmo durante o sono (polução noturna).

Todas essas mudanças físicas fazem parte do período chamado puberdade. Do ponto de vista biológico, não há época da vida que traga mais mudanças. A puberdade não tem idade certa para acontecer. Às vezes começa por volta dos 10 anos, às vezes só aos 14. A Organização Mundial da Saúde estabelece que o período da adolescência vai dos 10 aos 19 anos. Adolescência é o termo usado para descrever tanto as mudanças físicas da puberdade como os aspectos psicológicos e sociais que caracterizam essa etapa da vida.

É natural que surjam inseguranças e medos, pois estão ocorrendo grandes transformações. Por exemplo, o jovem começa a se achar desengonçado, atrapalhado ao se movimentar. Não poderia ser diferente, já que braços e pernas crescem mais rápido que o tronco, causando um certo desequilíbrio.

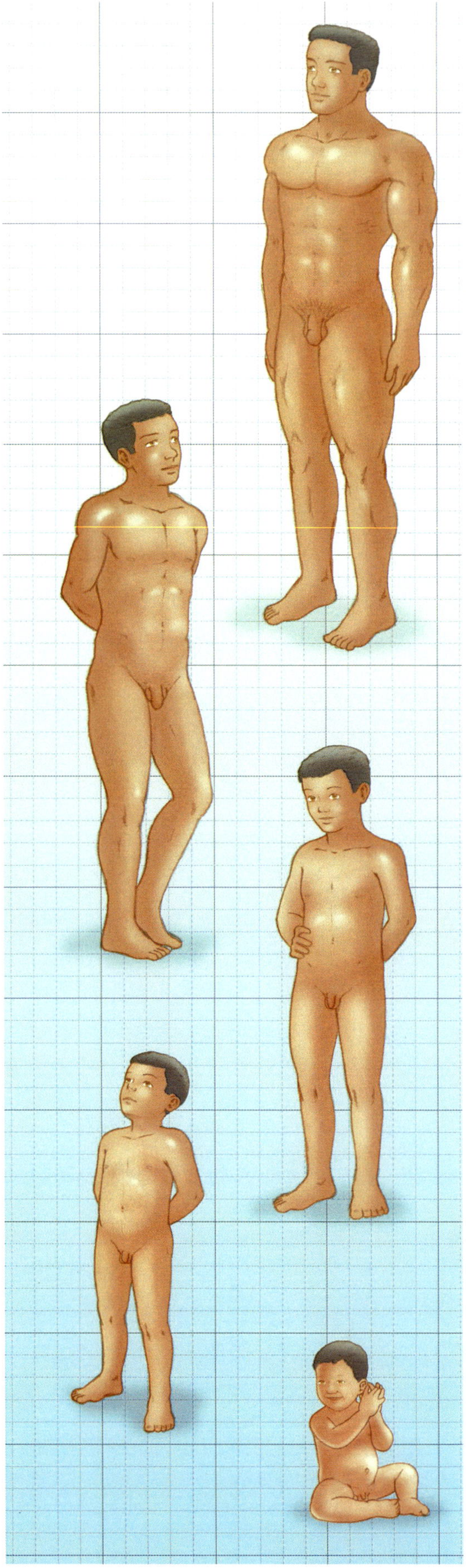

Nos meninos, é comum que um dos testículos fique mais baixo que o outro, o que é perfeitamente normal. Outra preocupação frequente é com o aumento dos mamilos. Quando ele ocorre, geralmente regride em, no máximo, dois anos. Isso nada tem a ver com masculinidade, é simplesmente uma questão hormonal (hormônios são substâncias produzidas por certas glândulas do corpo e que controlam vários aspectos, como o crescimento, a quantidade de açúcar no sangue etc.). Mas, atenção: se o aumento persistir ou vier acompanhado de outros sintomas, é preciso consultar um médico. Deve-se procurar o médico também em caso de dor ou ardência nos órgãos ou a ocorrência de inchaços, caroços, bolhas ou verrugas na região genital.

A acne

As glândulas sebáceas produzem uma substância oleosa que protege a pele e os pelos, evitando seu ressecamento. Na puberdade, há um aumento na produção de hormônios sexuais que, entre outras coisas, estimulam o funcionamento dessas glândulas. Por isso, a pele fica mais oleosa.

Com o tempo, as glândulas passam a trabalhar normalmente, mas, em alguns casos, a gordura produzida (sebo) entope a saída da glândula e forma o cravo. Além disso, bactérias podem se reproduzir ali provocando espinhas: é a acne, um problema que atinge geralmente o rosto dos adolescentes.

Quem tem acne deve manter a pele limpa, lavando-a duas ou três vezes por dia com água fria e sabonete indicado pelo médico. É desaconselhável espremer as espinhas, pois isso pode espalhar a infecção e deixar cicatrizes na pele. Em alguns casos, é necessário consultar o médico (dermatologista).

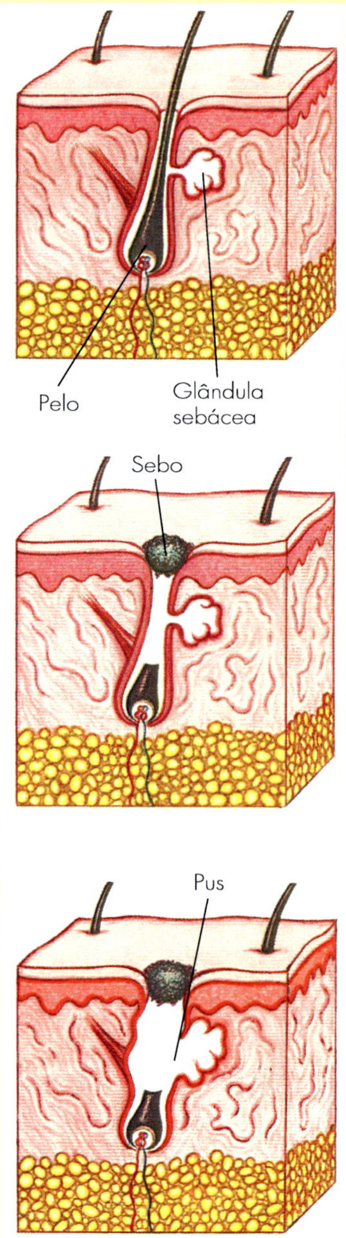

A formação de uma espinha: o pus contém bactérias mortas que foram atacadas por células de defesa do corpo.

Ela é quase mulher

A sensação é de que está sendo olhada por todos. Orgulho e vergonha se misturam quando os seios começam a crescer. Às vezes, um se desenvolve mais rápido que o outro, mas depois de um tempo isso tende a se normalizar. No entanto, uma pequena diferença de tamanho entre os dois seios é comum em quase todas as mulheres adultas.

O tamanho dos seios é uma questão hereditária, de família. Geralmente as garotas se preocupam se são pequenos, grandes, e muitas delas até fazem exercícios que não produzem efeito algum. O mais importante, nesse momento, é cuidar bem do físico como um todo.

Outras mudanças que também começam a ocorrer são o aparecimento de pelos no púbis e nas axilas, o crescimento acelerado do corpo e o arredondamento de quadris, nádegas e coxas.

Finalmente, aparece a primeira menstruação (também conhecida como menarca), que é uma perda normal de sangue vindo do útero. Isso quer dizer que a garota já é capaz de gerar um filho. Esse é um bom momento para que ela tenha sua primeira consulta com o ginecologista (médico que cuida da saúde do sistema genital feminino).

Nos dois ou três primeiros anos, a menstruação pode vir em intervalos muito irregulares. Depois disso, ela tende a se regularizar, embora ainda possa ter ciclos de 22 a 38 dias.

Cada menstruação pode durar de dois a oito dias; é difícil que a mulher tenha um ciclo sempre regular. Durante esse período, é importante cuidar bem da higiene pessoal.

Durante a menstruação, todas as atividades cotidianas podem ser feitas normalmente. Por falta de informação, há quem acredite que a mulher não deve lavar a cabeça ou tomar banho quente quando está menstruada, mas isso não é verdade. Tudo pode ser feito, como nos outros dias.

Em torno de uma semana antes da menstruação, algumas mulheres podem se sentir nervosas, irritadas ou um pouco deprimidas, com dificuldade de concentração, dor de cabeça e outros sintomas, que desaparecem depois da menstruação. É a chamada tensão pré-menstrual, ou TPM. Seus sintomas variam muito de mulher para mulher e também podem ser confundidos com outros problemas. Na dúvida, é aconselhável consultar um ginecologista.

Muitas mulheres em idade fértil sentem cólicas durante a menstruação devido a alterações hormonais que acontecem ao longo do ciclo menstrual. As cólicas podem também ser sinais de algum distúrbio, por isso é sempre bom conversar com o ginecologista a respeito delas.

O ato de menstruar indica que o organismo feminino está funcionando perfeitamente e que, em termos biológicos, está apto para a reprodução. Mas estar ou não pronta para ter um filho não depende apenas da maturidade do organismo, como veremos depois.

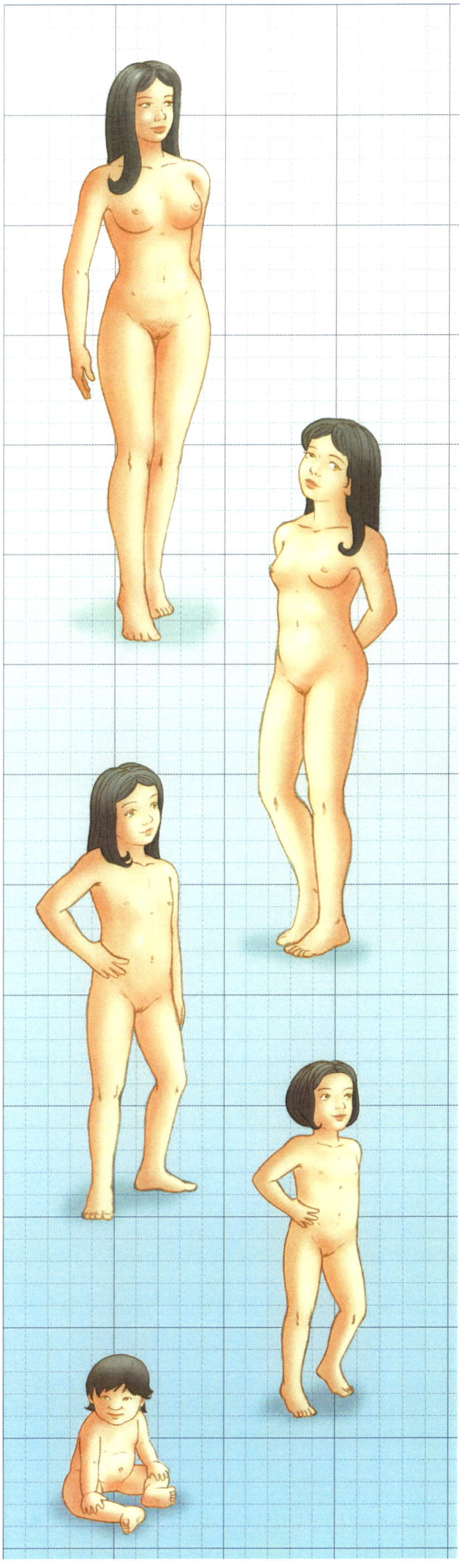

O início das mudanças da puberdade ocorre entre 9 e 14 anos, mas cada pessoa tem seu ritmo. Se a garota ainda não tiver menstruado até os 16 anos (ou se menstruar antes dos 8), ou ainda se outras mudanças da puberdade não tiverem começado até os 14 anos, é bom consultar um médico, por precaução (isso não quer dizer que haja problemas, mas é bom verificar). O médico, aliás, é a pessoa mais indicada para orientar tanto a garota como o rapaz em caso de dúvida ou insegurança quanto ao seu desenvolvimento.

Os cuidados com o corpo

Após os 18 anos – ou antes, se já tiver tido relação sexual –, toda mulher deve ir anualmente ao ginecologista.

É importante que se estabeleça uma relação de confiança com o médico (ou médica) e que a garota sinta-se segura e confortável para poder conversar sobre o que quiser, resolver dúvidas e até esclarecer muitas de suas curiosidades. Afinal, a partir desse momento, a consulta com o ginecologista vai fazer parte da rotina de vida da adolescente.

Quanto à higiene dos órgãos genitais externos, ela deve ser feita diariamente, sem duchas ou desodorantes vaginais (que podem irritar a vagina e causar infecções). Durante a menstruação, é necessário usar absorventes higiênicos e trocá-los a cada três ou quatro horas, dependendo do fluxo de sangue. O absorvente usado deve ser jogado na lata de lixo e não no vaso sanitário.

É normal ocorrer um pouco de secreção vaginal, geralmente incolor e sem cheiro. Mas, se a secreção for amarelada, rosada ou tiver mau cheiro, pode ser indício de uma infecção ou outro problema, e deve-se procurar o médico.

A mulher também deve procurar o médico se sentir ardência ou dor ao urinar, passar a urinar com muita frequência, perceber o surgimento de caroços, bolhas ou verrugas na região genital, sentir dores abdominais ou se já estiver mantendo relações e o parceiro estiver com alguma infecção que possa ser transmitida por via sexual.

O câncer de mama é, atualmente, uma das principais causas de morte entre as mulheres. Correm maior risco aquelas que têm na família casos da doença, tiveram menarca precoce (antes dos 12 anos), não tenham filhos ou os tiveram somente depois dos 30 anos. O consumo de álcool, a obesidade e o sedentarismo (pouca atividade física) também aumentam sua probabilidade.

Para aumentar a chance de cura, é importante identificar o problema logo na etapa inicial. Por isso, ao completar 30 ou 35 anos, as mulheres devem fazer uma espécie de raio X das mamas, a mamografia.

Lembrem-se: o diagnóstico precoce do câncer de mama pode ser a diferença entre a vida e a morte.

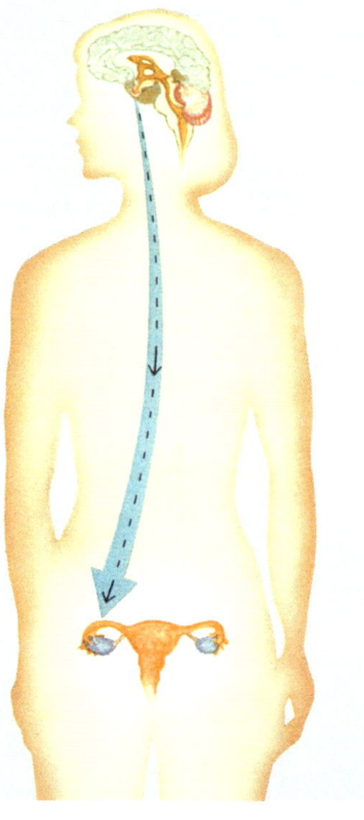

A hipófise produz hormônios que estimulam os ovários e os testículos: o corpo se prepara para a reprodução.

A descoberta do sexo

As mudanças que acontecem na puberdade indicam que o corpo está se preparando para a reprodução. Uma pequena região do encéfalo, chamada hipotálamo, tem muito a ver com isso.

O hipotálamo é como um “reloginho” que, na hora marcada, manda uma mensagem para uma pequena glândula, também localizada no encéfalo, que produz hormônios e recebe o nome de hipófise. Cada organismo tem a sua hora, mas, uma vez iniciado, o processo é muito parecido em todas as pessoas.

Os hormônios viajam pelo sangue, ativando os testículos, nos meninos, e os ovários, nas meninas.

Os testículos passam a produzir espermatozoides e maior quantidade de hormônios, como a testosterona. É a testosterona que faz crescer o pênis e os testículos dos rapazes, engrossa a voz e desenvolve a musculatura. Ela também aumenta o impulso sexual, estimulando a aproximação física.

Os ovários, por sua vez, produzem dois hormônios: o estrogênio e a progesterona (na verdade, os hormônios sexuais já estão presentes nas crianças, mas sua concentração é baixa). O estrogênio estimula o desenvolvimento dos órgãos genitais externos, do útero, da vagina e dos seios, além de aumentar a gordura sob a pele de certas regiões do corpo feminino, arredondando as formas. Já a progesterona engrossa a região interna do útero, preparando-o para receber o embrião, se houver gravidez.

Nas garotas, os hormônios estrogênio e progesterona também estimulam o desejo sexual: é a época dos primeiros namoros.

Criança: quem não é?

A adolescência caracteriza-se também por ser uma fase de contradições. A vontade de ser adulto entra em conflito com a falta de experiência e maturidade. E o lado infantil que o jovem rejeita ainda teima em se manifestar. Na verdade, a porção criança de cada um continuará existindo ao longo de toda a vida; só é preciso aprender a lidar com ela, já que a responsabilidade dos adultos é muito maior.

Por outro lado, o jovem procura se tornar mais independente dos pais: forma seu grupo de amigos e passa a ser responsável por seus atos e decisões. Fica confuso, porque pensa em sexo, mas está inseguro sobre o que fazer e as possíveis consequências do que fizer; quer mais liberdade, mas lhe falta experiência para tomar decisões sérias que podem envolver outras pessoas; questiona o mundo e a sociedade; revolta-se contra as regras impostas pelos pais, mas ainda não sabe direito o que quer.

Apesar das dificuldades, nessa época o adolescente aprende uma série de coisas novas, solta a imaginação, descobre novos talentos, tem mais liberdade de criar e começa a tomar consciência de que vive em uma sociedade – certamente muito maior e mais complexa do que seu círculo familiar e de amigos.

Para evitar que os conflitos atrapalhem esse crescimento interior, nada melhor que conversas francas com os pais. Pode ser que eles também estejam apreensivos e queiram aprender a lidar com a nova etapa vivida pelos filhos.

O adolescente muitas vezes se aborrece com alguma proibição dos pais. Mas pense um pouco: nos estudos, no trabalho

Homossexualidade

Em nossa sociedade, como em muitas outras, existem indivíduos homossexuais, isto é, que se relacionam sexualmente com pessoas do mesmo sexo, mantendo relacionamentos afetivos bastante semelhantes aos dos casais heterossexuais.

Entre os cientistas, há os que acham que pode haver uma influência dos genes na homossexualidade. Outros dizem que ser homossexual depende do ambiente em que a pessoa vive e de seu relacionamento com os pais.

Na adolescência, os sentimentos podem estar confusos e a admiração que se tem por colegas do mesmo sexo pode se confundir com atração física. Mas não se deve ir rotulando os outros por causa disso. Garotas com ciúmes umas das outras ou garotos que têm uma turma de amigos do mesmo sexo são fatos normais na adolescência. Não são sinais de homossexualidade.

Melhor do que ficar se preocupando com rótulos é desenvolver a autoestima e o respeito por si mesmo. Só assim todas as suas relações, do presente e do futuro, independentemente de serem amizades ou "algo mais", vão ter a dignidade que você (e todo mundo) merece. No entanto, se alguém estiver em crise por causa de desejos sexuais, vale a pena procurar um especialista, um psicólogo.

Por fim, um último lembrete: caráter, talento e capacidade profissional não são exclusividades em hétero ou homossexuais. Não se deve julgar as pessoas em razão de sua orientação sexual. Quem discrimina os outros não está ajudando em nada o convívio em sociedade e acaba perdendo o direito de ser livre. Afinal, se não respeita os outros, como espera ser respeitado?

e na vida em sociedade todos precisam de limites. Não dá para fazer sempre o que se quer. E muitas vezes é preciso abrir mão de certas coisas a curto prazo para alcançar outras, no futuro.

Adolescentes gostam de comparações: quem é melhor no futebol, quem é mais forte, quem é mais alto. Porém é preciso levar em conta que, além dos talentos, todos temos alguma limitação, o que, aliás, não impede a realização de ninguém. Essa é uma boa fase para descobrir aptidões em si mesmo, em vez de ficar se comparando aos outros ou se lamentando por ser muito alto ou baixo.

Consumo: o preço de cair nessa tentação

Que todo mundo gosta de fazer suas comprinhas, não é nenhuma novidade.

O que muita gente desconhecia é o quanto os jovens brasileiros adoram consumir. De acordo com uma pesquisa internacional, os adolescentes verde-amarelos superam franceses, japoneses, argentinos, australianos, italianos, indianos, americanos e mexicanos da mesma faixa etária.

Embora a carteira da maioria não seja assim tão recheada, verificou-se que os jovens vão mais vezes ao cinema; viajam com mais frequência; compram mais tênis, roupas de grife, produtos *diet*; assistem a mais DVDs e vídeos; gastam mais com lanches e guloseimas.

Claro que isso tem seu preço: a metade já está sem salário ou mesada antes do final do mês.

Não é à toa que, para o mercado, esse grupo de consumidores vale ouro e já é alvo das atenções desde os seis anos de idade.

Se você faz parte desse privilegiado grupo de gastadores, talvez valesse a pena pensar antes de pôr a mão no bolso: você precisa mesmo daquela última novidade que acabou de sair? Quantas vezes já adquiriu um produto só porque toda a turma tinha – e depois se arrependeu? Você tem certeza de que quem escolhe o que compra é você mesmo? Ou é a propaganda que decide por você?

2

O corpo masculino

Do ponto de vista biológico, o sistema genital masculino tem a função de produzir células reprodutoras chamadas espermatozoides. Mas o que é uma célula? E você sabe o que o espermatozoide leva de importante para a formação de um novo ser vivo?

Como tudo começou

Nosso corpo é formado por cerca de 65 trilhões de pequenas unidades que só podem ser vistas com um aparelho especial, o microscópio. Essas unidades são as células. As células são vivas, isto é, elas precisam receber alimento e oxigênio para se manter e realizam uma série de processos necessários a nossa sobrevivência.

Todos nós já fomos, um dia, uma única célula, a célula-ovo ou zigoto. Essa célula se formou pela união de outras duas: o espermatozoide, produzido pelo homem, e o óvulo, produzido pela mulher. Essas células encarregadas da reprodução são chamadas gametas.

Durante o ato sexual, os espermatozoides são lançados no interior do sistema genital feminino e, lá, um deles vai se unir ao óvulo, formando a célula-ovo. A essa união do espermatozoide com o óvulo dá-se o nome de fecundação.

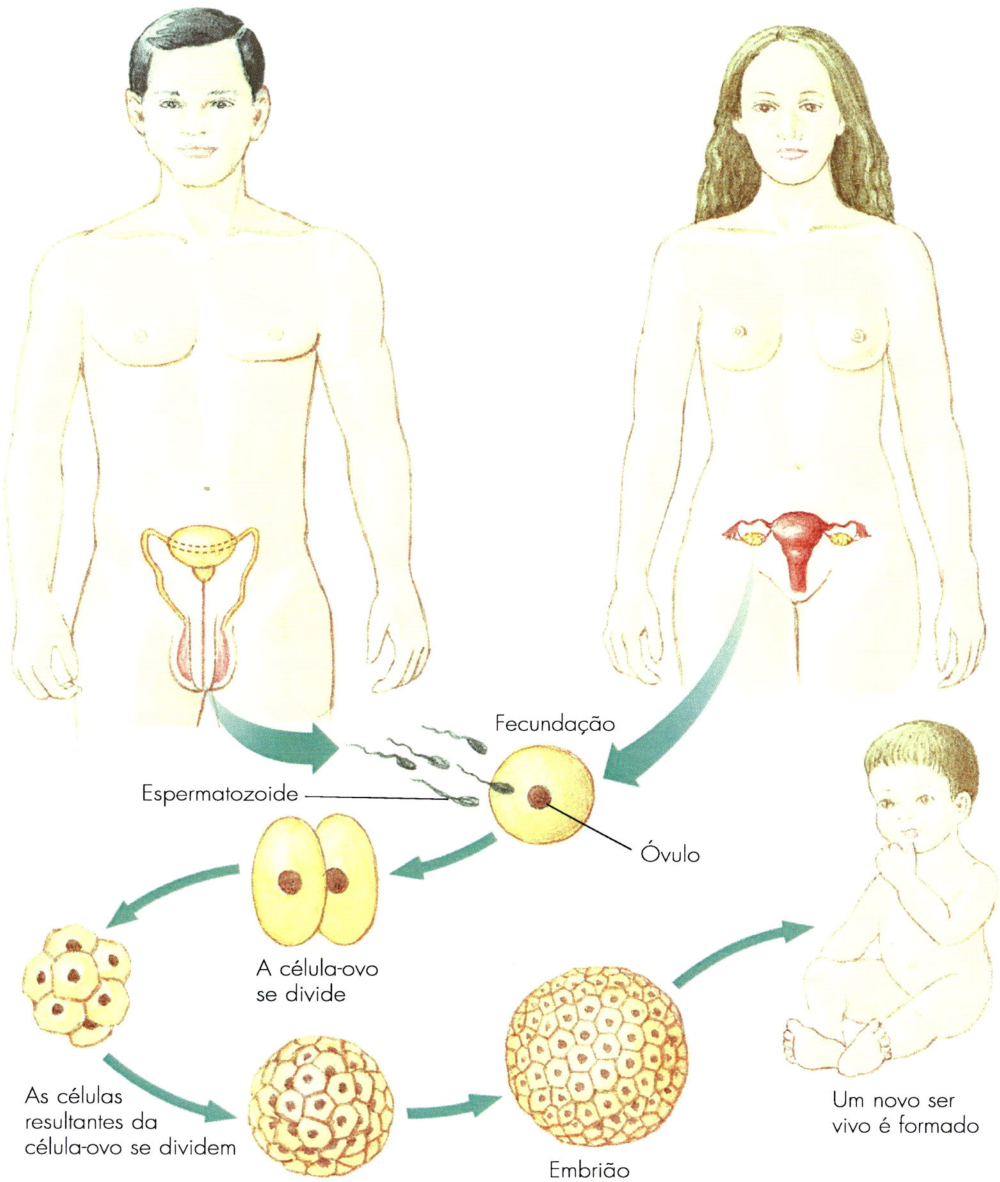

A união do espermatozoide com o óvulo (no interior do sistema genital feminino) forma uma nova célula, a célula-ovo, que se divide várias vezes e forma um novo organismo. (As células são microscópicas.)

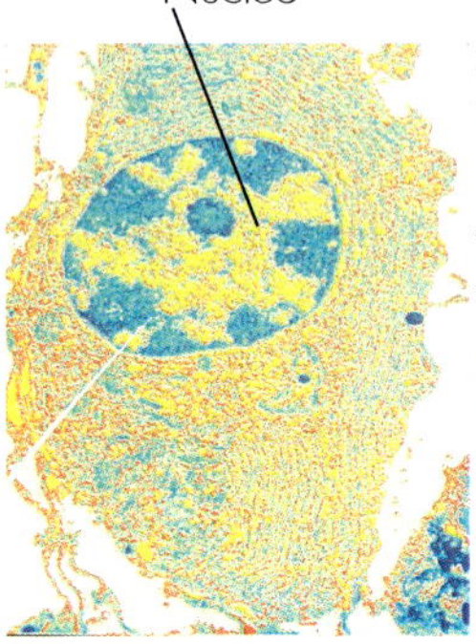

Célula humana vista ao microscópio eletrônico.

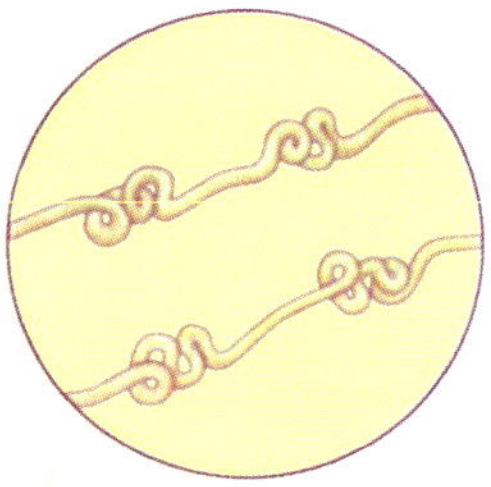

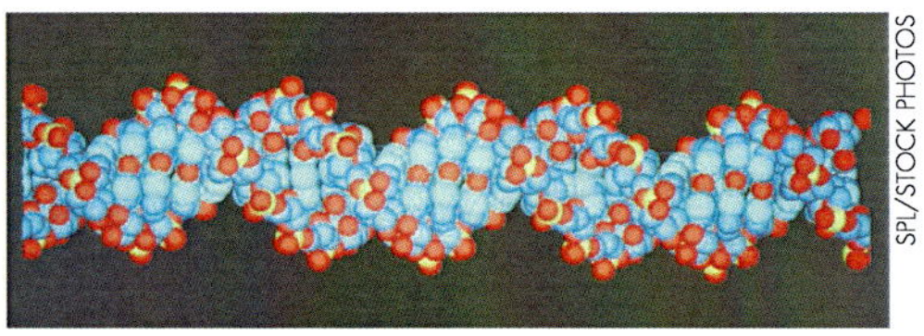

O núcleo, os cromossomos humanos e um modelo de DNA (a substância química formadora do gene) desenvolvido e colorizado em computador.

Assim se dá a reprodução sexuada: com um encontro entre duas células muito especiais que levam os genes do futuro pai e da futura mãe. Mas o que são os genes?

Os genes são formados por uma substância chamada ácido desoxirribonucleico. Esse nome pode ser abreviado na língua portuguesa por ADN. Mas é comum, até mesmo no Brasil, o uso da sigla DNA, que vem do inglês *deoxyribonucleic acid*.

No núcleo da célula, os genes ficam arrumados em fios microscópicos, formando os cromossomos. Cada um de nós herdou mais ou menos a metade dos genes de nosso pai, e a outra metade, de nossa mãe. Cada gene contém uma instrução específica para a formação e o desenvolvimento de determinada característica do organismo: cor dos olhos, altura, etc. Os genes são responsáveis, portanto, pela hereditariedade, isto é, pela transmissão das características dos pais aos filhos.

O ambiente também exerce um papel importante. Na maioria dos casos, uma característica é influenciada tanto pelos genes quanto pelo ambiente.

Uma pessoa com genes para pouca melanina, por exemplo, terá a pele clara. Se ela se expuser muito ao sol, poderá ficar mais morena, mas nunca chegará a ter pele negra, já que não tem genes para produzir grande quantidade de melanina.

É preciso compreender também que o efeito de um gene pode ser modificado pelo ambiente. Uma pessoa com tendência genética à obesidade, por exemplo, pode manter o peso ideal controlando sua alimentação. Nesse caso, um fator ambiental, a alimentação, impede que um possível efeito genético apareça.

Fatores como a sociedade em que vivemos; a influência da família, da escola, do ambiente de trabalho e de todas as nossas experiências pessoais também influenciam muito nossas características. E temos também a capacidade de aprender e de mudar: não somos robôs controlados pelos genes.

Os órgãos genitais masculinos

Os principais órgãos genitais, ou reprodutores, do homem são externos e bem visíveis: o pênis e a bolsa escrotal (ou saco escrotal), que é onde ficam os testículos.

A anatomia do pênis facilita a fecundação interna, pois ocorre o depósito dos espermatozoides diretamente no interior do corpo da mulher. A fecundação interna se dá quando um dos espermatozoides depositados se une a um óvulo.

Os testículos produzem espermatozoides e testosterona (o hormônio sexual masculino).

Na puberdade, os espermatozoides começam a ser produzidos no interior de tubos microscópicos que ficam enrolados dentro dos testículos, os túbulos seminíferos. Para serem expelidos, os espermatozoides passam por outros tubos, o epidídimo – onde ficam armazenados e adquirem a capacidade de movimento – e o ducto deferente. Depois, saem pela uretra.

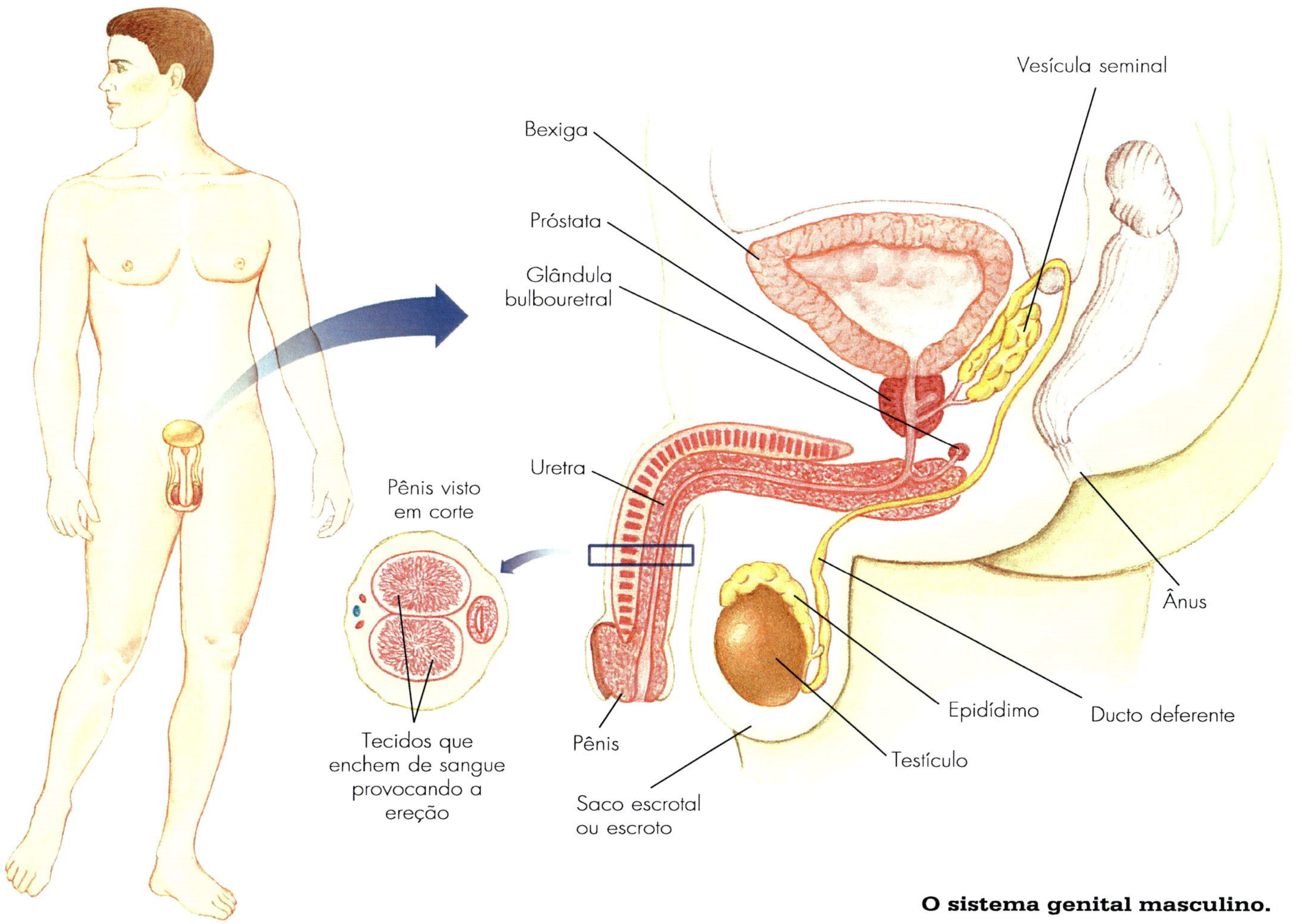

O sistema genital masculino.

A uretra é também o canal por onde sai a urina, através do pênis. Mas, quando os espermatozoides estão saindo, um músculo perto da bexiga fecha a passagem da urina. Por isso, os dois nunca saem ao mesmo tempo.

No caminho entre os ductos deferentes e a uretra, os espermatozoides recebem líquidos produzidos em pequenos reservatórios, as vesículas seminais, e na próstata (ou glândula prostática). Esses líquidos nutrem o espermatozoide, facilitam seu movimento e neutralizam a acidez da uretra e da vagina. Essa acidez, se não for eliminada, prejudica os espermatozoides e dificulta a fecundação. Esses líquidos e os espermatozoides formam o sêmen ou esperma.

O espermatozoide é uma célula muito pequena, com uma cauda bem comprida. Agitando a cauda, ele "nada" em direção ao óvulo, transportando, em seu núcleo, cromossomos e genes.

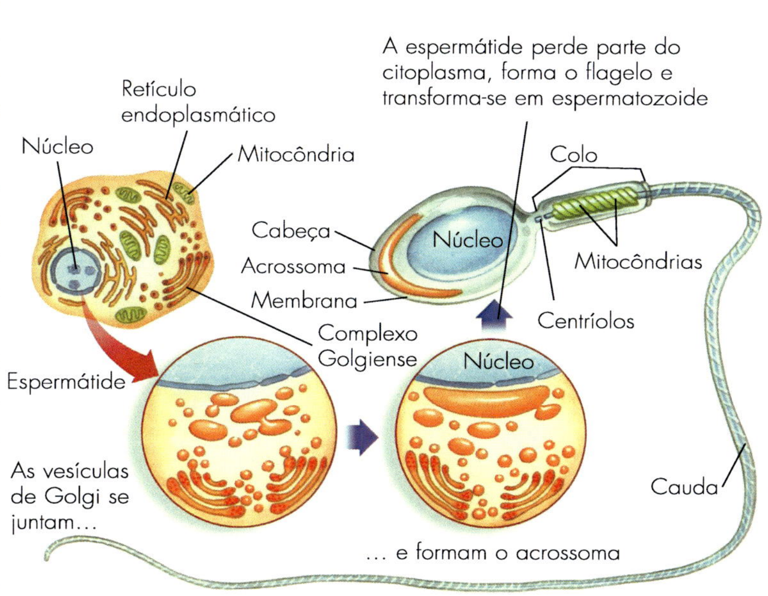

A célula reprodutora masculina, o espermatozoide.

A excitação e a ereção

A atração sexual cria, no homem e na mulher, o desejo de ficar próximo do parceiro e de ter momentos de intimidade física. Assim, é a atração sexual que geralmente está por trás da excitação.

No caso dos rapazes, a excitação se manifesta frequentemente com a aceleração dos batimentos do coração, o aumento da temperatura corporal e, de modo mais evidente, com a ereção do pênis. Este se enche de sangue, fica rígido e aumenta de tamanho.

O motivo pode ser um beijo, um carinho ou um pensamento. Às vezes a ereção acontece porque a bexiga do rapaz está cheia, sendo também comum ela surgir sem nenhum motivo aparente, principalmente na adolescência.

O pênis possui três estruturas em forma de cilindro: uma delas é o corpo esponjoso, que envolve a uretra. As outras duas são os corpos cavernosos, que são formados, como o próprio nome diz, por um tecido que contém pequenas cavidades em forma de cavernas. É nos corpos cavernosos que o sangue se acumula durante a ereção.

Nos momentos finais do ato sexual – ou da masturbação – o homem vai ficando cada vez mais excitado. Surgem contrações musculares nos tubos e glândulas. O sêmen é lançado para fora do pênis em uma série de jatos: é a ejaculação. Ela é acompanhada de sensações muito intensas e prazerosas, o orgasmo. Em seguida, vem um estado de satisfação e relaxamento.

Às vezes pode acontecer alguma ejaculação durante o sono, o que é perfeitamente normal. É a chamada polução noturna.

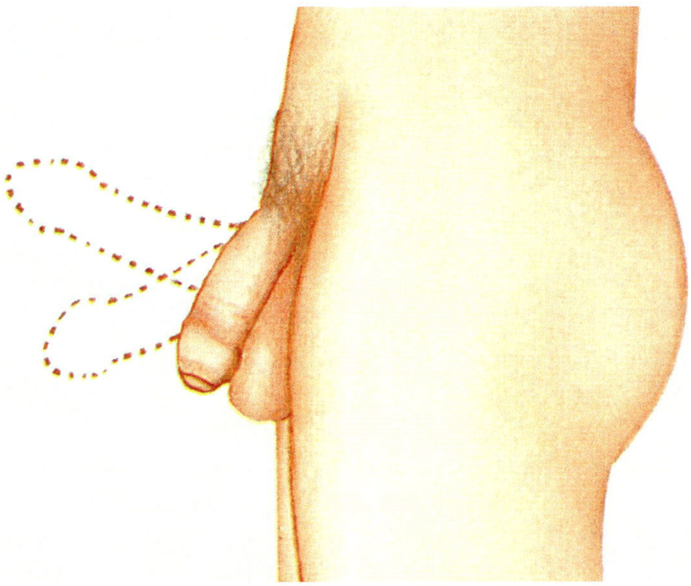

Mudanças que ocorrem no pênis durante a ereção, que é involuntária. Isso quer dizer que não basta o homem simplesmente decidir que quer ter uma ereção para que ela aconteça de fato.

Alguns jovens ficam preocupados quando não conseguem ter uma ereção. Tudo parece perfeito, mas na "hora H" o pênis "não funciona". E aí vem o medo e a vergonha do que vão pensar, e até mesmo a preocupação de estar ficando impotente. É preciso compreender que o nosso corpo não é uma máquina que a gente liga e desliga quando quer. Muita coisa pode estar acontecendo: preocupação, cansaço, depressão ou simplesmente falta de interesse pela pessoa. Se o homem está muito preocupado em ter ou não ereção, isso acaba atrapalhando ainda mais, pois ele não relaxa ou ejacula muito rápido — é a chamada ejaculação precoce.

A primeira relação sexual é um momento delicado. O rapaz tem muitas expectativas, medo de não saber como agir e, ao mesmo tempo, quer causar a melhor impressão possível. Tudo isso pode interferir na ereção, que requer relaxamento e segurança. O consumo de álcool e o uso de certos medicamentos também podem prejudicar a ereção.

A dificuldade de ereção pode ter causas físicas, mas, se o rapaz tem ereção quando se masturba ou quando acorda e o problema ocorre apenas em poucas ocasiões, é provável que seu corpo esteja em ordem e o sintoma seja passageiro. Mesmo assim, se ele quiser ficar mais tranquilo, pode procurar um médico urologista.

Um psicólogo também pode ajudar bastante. Mas o importante é saber que o prazer de uma relação sexual depende do envolvimento entre os parceiros. Se os dois se gostam, tomam precauções para evitar doenças sexualmente transmissíveis e uma gravidez indesejada e, principalmente, se já estão amadurecidos para terem certeza de seus sentimentos e para respeitar os sentimentos do outro, os problemas podem ser resolvidos. É só conversar sem medo ou vergonha.

Problemas: reais e imaginários

Às vezes, o menino nasce com um ou os dois testículos presos à cavidade abdominal. A anomalia é chamada criptorquidia. Nesse caso, há risco de esterilidade (incapacidade de gerar filhos) e pode ser necessária uma cirurgia para fazer com que os testículos se desloquem para o saco escrotal.

Todo homem nasce com uma pele que cobre a ponta do pênis: é o prepúcio. Em algumas culturas, como a dos judeus e muçulmanos, faz parte da tradição religiosa retirar essa pele após o nascimento. Isso é feito por meio de uma operação muito simples, chamada circuncisão. A circuncisão facilita a limpeza do pênis, mas não há problema algum para quem não a fez. Basta manter uma boa higiene, puxando a pele para trás ao lavar o órgão genital.

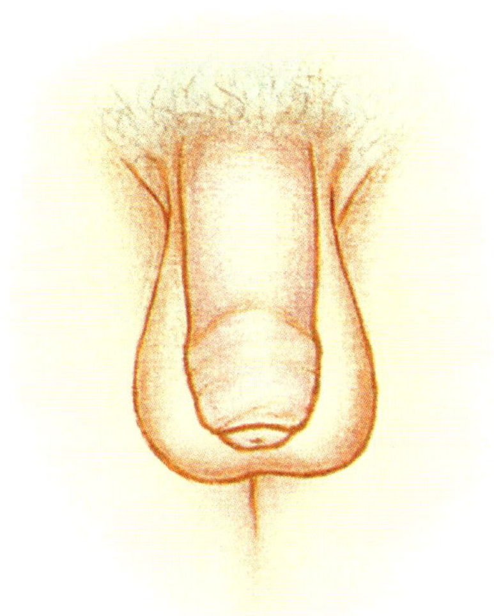

Não circuncidado

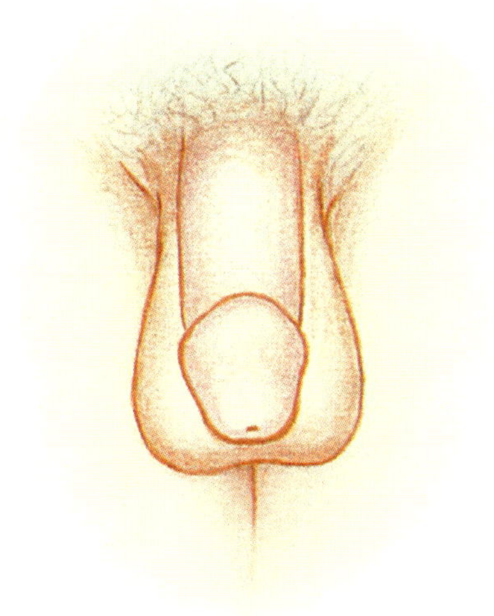

Circuncidado

Às vezes o prepúcio é estreito e a glande (a cabeça do pênis) não fica descoberta mesmo com o pênis ereto, o que dificulta a higiene e facilita o aparecimento de infecções: é a fimose. Nesse caso, deve-se consultar um médico, pois pode ser necessário fazer a circuncisão.

A primeira forma de explorar os órgãos genitais, que começa na infância, é pelo toque. A criança sente prazer em se acariciar. Esse hábito pode se intensificar na adolescência e levar ao orgasmo. É a masturbação.

A masturbação não causa nenhum problema físico, não é doença nem anormalidade. Pode ser apenas um modo de satisfazer o desejo sexual ou aliviar tensões. Mas também pode apontar uma dificuldade de relacionamento. Talvez a pessoa se masturbe por medo de encarar uma relação sexual ou para compensar frustrações e insatisfações. Nesses casos, o melhor a fazer é conversar com os pais ou com um psicólogo.

As muitas dimensões de um homem

O tamanho do pênis não influi na relação heterossexual, pois a parte mais sensível da vagina fica logo na entrada. Assim, o prazer da mulher não depende do tamanho do órgão sexual masculino. Além disso, sexo não é uma atividade mecânica. Ele depende de sentimentos e emoções.

Existem os que não estão nem aí para o tamanho do pênis. Mas há também os que valorizam em demasia essa parte do corpo masculino e não perdem a oportunidade de declarar o quanto são "bem-dotados": às vezes parece até mesmo que eles não têm mais nada que os valorizem.

Há ainda os que se deixam convencer por essa "propaganda enganosa" – já que, por si só, um pênis maior do que os demais não vai fazer ninguém mais feliz nem mais bem-sucedido com o sexo oposto – e acabam achando que são "menos" do que os outros. Passam a ter vergonha de se expor publicamente – deixando até de praticar esportes, esses, sim, importantes para a saúde e o desenvolvimento do corpo – e evitam maior proximidade com as garotas. Adotar essa autoimagem negativa só piora as coisas.

Portanto, em vez de se sentir "inferior", procure olhar para si mesmo como alguém que tem muitas outras dimensões. Mais importante que ter alguns centímetros a mais é estar de bem consigo, pronto para desenvolver todos os talentos que possui, realizar-se, fazer-se feliz e trazer felicidade a quem merece compartilhá-la. O resto é pura "masturbação mental".

3

O corpo feminino

Do ponto de vista biológico, o sistema genital feminino está adaptado para conceber e gerar filhos, dar à luz esses novos seres e amamentá-los. Pois é no sistema genital feminino que nossa vida começa.

Mas é óbvio que ser mãe não é o único papel da mulher. Da mesma forma que o homem, a mulher de hoje quer se realizar na área afetiva e profissional e lutar por seus direitos.

Os órgãos genitais externos

Diferentemente do homem, em que a uretra serve de passagem tanto para a urina quanto para os gametas, na mulher a uretra serve exclusivamente para eliminar a urina. Para as funções sexuais e de reprodução, ela possui a vagina, um canal independente da uretra. Pela abertura vaginal saem secreções e a menstruação. É a vagina que recebe o pênis na relação sexual. É também por ela que o bebê sai no parto normal.

As aberturas da uretra e da vagina são protegidas por dobras da pele que se desenvolvem na puberdade: mais externamente estão os lábios maiores; mais internamente, os lábios menores. Os lábios menores se juntam na parte de cima para formar um órgão delicado e bastante sensível ao toque: o clitóris. Assim como o pênis, o clitóris possui tecidos que se enchem de sangue durante a excitação sexual. Todas essas estruturas formam os órgãos genitais externos ou a vulva — a parte visível do sistema genital feminino.

Nas mulheres virgens, a entrada da vagina é coberta por uma pele fina chamada hímen. O hímen tem um ou mais orifícios que permitem a passagem do sangue da menstruação. Esses orifícios também podem permitir a entrada de espermatozoides, se houver ejaculação próximo à entrada da vagina, e, em consequência, uma gravidez.

Geralmente o hímen se rompe na primeira relação sexual. Isso pode doer um pouco; às vezes, ocorre um pequeno sangramento. Além disso, algumas mulheres têm o chamado hímen complacente. Ele é elástico e, por isso, pode não se romper na primeira relação sexual.

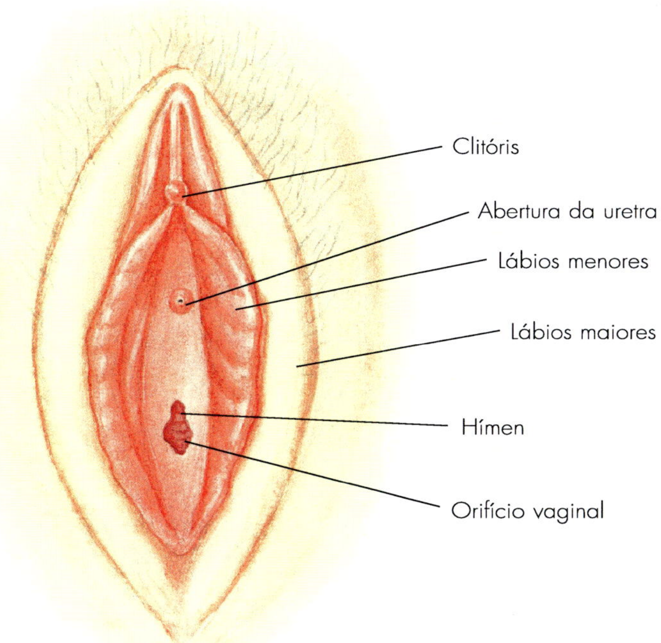

Os órgãos genitais externos da mulher. A aparência varia um pouco de mulher para mulher.

O orgasmo feminino

Quando os parceiros trocam carícias, a excitação da mulher vai aumentando, bem como a produção de secreção vaginal, o que facilita a entrada do pênis. Há também um acúmulo de sangue que provoca o inchamento dos órgãos genitais e o endurecimento do bico dos seios.

Se a excitação aumenta, começam contrações no útero, e a sensação de prazer cresce, até que vem o orgasmo. Não existe um único tipo de orgasmo: ele pode ser mais intenso, mais fraco; pode ser atingido com ou sem penetração e até mesmo sem relação sexual. Pode também haver relação sexual sem orgasmo, o que não quer dizer que ela tenha sido ruim.

A sensação varia muito de uma pessoa para outra. Isso depende de fatores como cansaço, preocupação, envolvimento e sentimentos em relação ao parceiro.

O orgasmo costuma durar de dez a quinze segundos. Depois, as contrações diminuem e o fluxo de sangue volta ao normal. Segue-se uma agradável sensação de cansaço e relaxamento.

"Por que não consigo ter orgasmo quando transo com meu namorado?" Essa pergunta costuma aparecer em muitas revistas femininas e *sites* da internet. As razões podem ser várias, mas uma coisa é certa: quando o homem está preocupado só com o seu prazer, dificilmente a mulher alcançará o orgasmo, porque seu ritmo é mais lento e ela necessita de mais estímulos.

Se ela não tiver discutido com o parceiro sobre uma maneira de evitar a gravidez ou os risco de contrair uma DST, isso pode deixá-la tensa, atrapalhando a relação sexual.

Às vezes, é necessário um período de aprendizagem, a fim de que os dois se conheçam bem e tudo aconteça naturalmente. Cada pessoa tem o seu ritmo, e o parceiro deve respeitá-lo. Para que a excitação leve ao orgasmo, é preciso que haja uma boa sintonia entre o casal, um bom entendimento.

A primeira vez

De repente, o corpo manda o recado: biologicamente, está tudo pronto para o início da vida reprodutiva. A mulher já tem menstruações e o homem pode ejacular. Mas estariam a garota e o rapaz realmente prontos para o início da vida sexual? Para tanto, é necessário haver responsabilidade.

Há muita coisa em que pensar, sem esquecer o risco de uma gravidez indesejada e de doenças que podem ser transmitidas pelo ato sexual. Existe também o medo de ir contra a família, a insegurança ou a sensação de que se vai fazer algo errado.

Num relacionamento em que há afeto e compreensão, tudo isso deve ser discutido antes de iniciar a vida sexual. Se o medo e a culpa forem maiores que o desejo, ainda não é o momento certo, e isso precisa ser respeitado.

Não adianta fazer sexo para provar que se é adulto, mostrar que não se é "careta" ou para acompanhar outras pessoas da turma que já transaram. Às vezes a garota tem medo de perder o namorado e acaba transando só porque ele quer. Isso pode ser decepcionante e fazê-la sentir culpa. Não se pode esquecer que o namoro é uma forma de conhecer mais intimamente alguém e nem sempre precisa envolver sexo.

Além disso, é necessário respeitar os sentimentos do outro. Quem transa só para contar aos amigos, sem se preocupar com o que o parceiro está sentindo, trata-o como objeto, não como ser humano. Certamente você não gostaria se fizessem o mesmo com você. Ninguém deve obrigar ninguém a nada.

Para muitas pessoas, a virgindade ainda é importante. Para outras, isso não faz a menor diferença. Depende da cultura, da educação e dos valores morais de cada um. E cada escolha deve ser respeitada.

Então, o melhor a fazer é refletir, conversar e se informar, principalmente sobre os métodos para evitar a gravidez e doenças como a aids.

A relação sexual, quando feita de comum acordo e no momento certo, é muito mais do que um breve momento de prazer. É uma oportunidade maravilhosa de nos envolvermos intimamente com outra pessoa, proporcionando e recebendo carinho, respeito e afeto.

A primeira vez pode ser muito diferente do que acontece em filmes ou do que se imagina. O nervosismo, o medo ou a ansiedade pode tornar difícil a ereção, o orgasmo, ou causar uma ejaculação precoce. Nesses casos, é preciso um tempo até que o casal se conheça mais; aí, sim, o sexo poderá ficar melhor.

A maior parte dos problemas e preocupações pode ser resolvida com uma conversa franca entre os parceiros. Assim, a relação sexual será boa para os dois. Sem essa confiança, a relação fica muito vazia e até o sexo fica sem graça.

Os órgãos genitais internos

Quando ocorre a ejaculação, na relação sexual, inicia-se uma corrida de espermatozoides. São quase 500 milhões deles batendo a cauda e "nadando" em direção ao óvulo, no interior do sistema genital feminino.

O óvulo é produzido dentro dos ovários, que também produzem hormônios sexuais. Enquanto ele estiver no ovário, não poderá ser fecundado. Mais ou menos uma vez por mês, no entanto, um dos ovários lança um óvulo na tuba uterina (antigamente chamada de trompa de Falópio): é a ovulação. É na tuba que ocorre geralmente o encontro do espermatozoide com o óvulo. Então, se houver fecundação, forma-se a célula-ovo ou zigoto, que é levada da tuba para o útero por movimentos de cílios (pequenos fios) e contrações musculares da tuba.

O útero é um órgão musculoso que tem a forma de uma pera de cabeça para baixo. Ele tem mais ou menos o tamanho de um punho fechado.

Ao longo da viagem para o útero, que dura de três a quatro dias, a célula-ovo divide-se várias vezes, originando um pequeno "cacho" com 32 a 64 células – o embrião. É no útero que o embrião se aloja, recebe alimento e se desenvolve. A fixação do embrião no útero é chamada nidação (o ato de fazer um ninho).

O útero mede cerca de 7,5 cm de altura por 5 cm de largura. Só que, durante a gravidez, à medida que o embrião cresce, este órgão se expande, podendo ficar com um volume total até 60 vezes maior que o inicial.

O ciclo menstrual

"Quando vai acontecer? Onde vai acontecer?"

É normal que as garotas façam essas perguntas quando a puberdade chega. Saber por que a menstruação acontece e o modo como ocorre é uma boa maneira de lidar com a expectativa que ela traz. Afinal, toda garota se preocupa em não ser pega de surpresa pela própria menstruação. Até dois anos após a primeira menstruação, os ciclos não são muito regulares. Depois disso, a variação diminui e fica mais fácil prever o dia da próxima menstruação. Para isso, a garota pode acompanhar seu próprio ciclo, tomando nota em um calendário. Ela pode assinalar o primeiro dia da menstruação, que marca o início do ciclo; quantos dias ela costuma durar e quanto tempo se passa entre uma e outra.

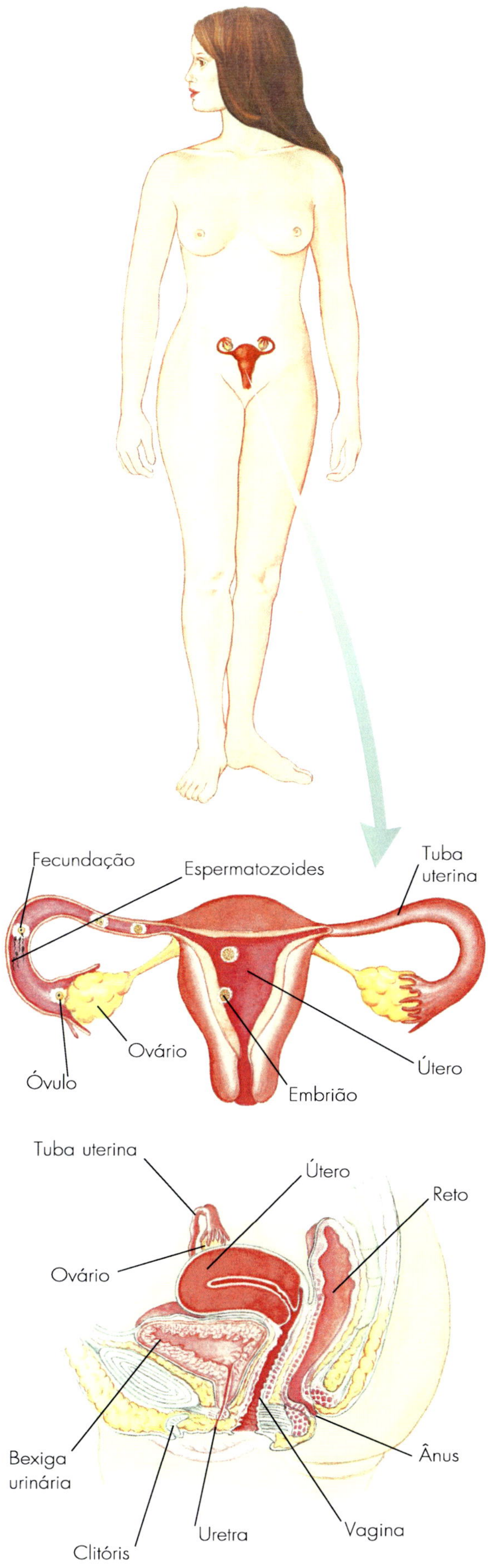

O sistema genital feminino e alguns órgãos próximos. O esquema mostra também a fecundação. (Espermatozoides, óvulos e embrião estão ampliados.)

A primeira menstruação marca o início de um ciclo que se repetirá todos os meses. A cada 28 dias, em média, o ovário lança um óvulo na trompa, pronto para ser fecundado. O tecido que reveste o útero por dentro, chamado endométrio, cresce, ficando cada vez mais cheio de sangue e pronto para abrigar e nutrir um embrião.

Se o óvulo for fecundado, o embrião vai se alojar no endométrio e começará a se desenvolver – é a gravidez. Se não houver fecundação, o endométrio se desmanchará, e parte dele, formada por células e sangue, será eliminada pela vagina – é a menstruação. Por isso, geralmente a menstruação é um sinal de que a mulher não está grávida.

Por definição, considera-se o primeiro dia de sangramento como o primeiro dia do ciclo menstrual. O último dia do ciclo é o dia anterior ao da menstruação seguinte.

A menstruação dura de dois a oito dias e, em geral, repete-se a cada 28 dias (mas pode variar de 21 a 40 dias). A mesma pessoa pode ter ciclos diferentes ao longo do ano.

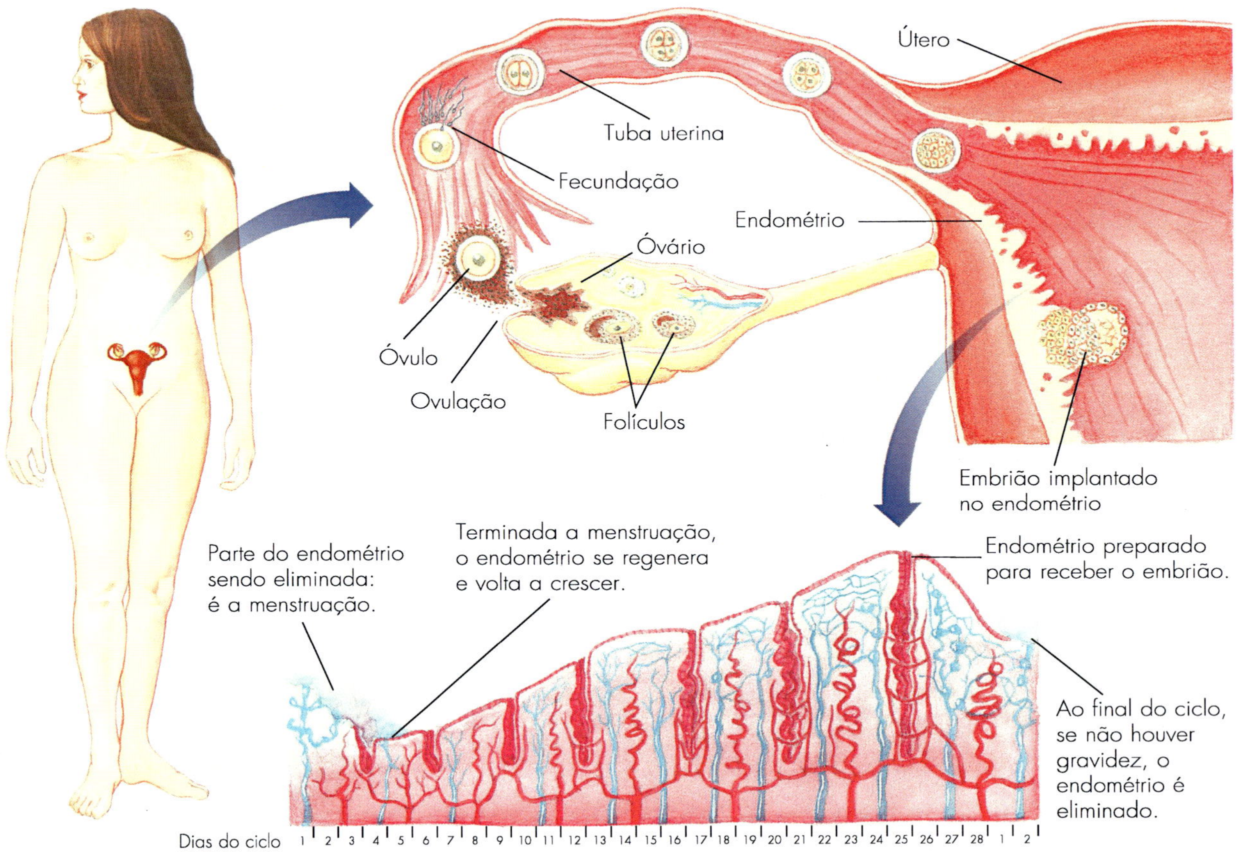

As transformações no ovário e no útero durante o ciclo menstrual preparam a mulher para uma possível gravidez.

Não dá para saber se uma mulher está grávida simplesmente pelo atraso da menstruação. Atrasos da menstruação podem não significar nada de especial. Contudo, se forem frequentes ou muito prolongados, pode haver algum problema na produção de hormônios. Por isso, para que a mulher descubra se, de fato, está grávida, deve procurar um médico e fazer exames. Atenção: os testes feitos em casa nem sempre dão resultados corretos.

Se a menstruação ocorre normalmente e não há gravidez, o endométrio se regenera e volta a crescer. O organismo inicia então um novo ciclo menstrual.

Enquanto isso, mais um óvulo amadurece no ovário, no meio de um cacho de células chamado folículo. Em torno de 14 dias antes do início da próxima menstruação, o folículo se rompe e o óvulo é lançado na trompa – é a ovulação.

O óvulo sobrevive na tuba uterina por cerca de 24 horas; contudo, preste atenção, pois não basta evitar relações nesse período para não engravidar, já que o espermatozoide pode sobreviver no corpo da mulher por até três dias (às vezes, mais). Assim, mesmo tendo relações antes da ovulação, pode acontecer de o espermatozoide ficar "esperando" o óvulo.

Se o óvulo for fecundado, encontrará condições ideais no útero para se desenvolver. Caso contrário, o ciclo menstrual recomeçará, e será sempre assim, até a menopausa. A menopausa acontece por volta dos 50 anos, quando os ovários param de lançar óvulos na tuba uterina, e a mulher não menstrua mais. Em alguns casos, essas mudanças, que são causadas por hormônios, provocam tensão, calor, suor e outros incômodos.

Na menopausa, a mulher não pode mais ter filhos. Mas isso não altera em nada sua atividade sexual e o prazer da relação. Contudo, pode ser necessário um tratamento para prevenir doenças como a osteoporose (enfraquecimento dos ossos), mais comuns nessa fase.

Um bebê está a caminho

No caminho que liga a tuba uterina ao útero, a célula-ovo se divide várias vezes e, quando chega ao útero, já é uma pequena esfera de células. Aos poucos, essas células irão se especializar para formar os órgãos do feto.

Se houver uma infecção, ela pode danificar parte da tuba uterina e impedir o zigoto de atingir o útero. Quando isso acontece, o desenvolvimento do embrião pode começar na tuba: é a chamada gravidez ectópica ("ectópico", em grego, significa "fora do lugar"). Nesse caso, a tuba acaba se rompendo e é necessária uma cirurgia, já que há sangramento, dor e risco de morte.

Logo nas primeiras semanas de gravidez, forma-se a placenta, em volta do embrião. A placenta é um órgão especial: através dela são feitas as trocas entre o organismo da mãe e o do filho que está sendo gerado.

O cordão umbilical contém vasos sanguíneos do embrião, que recolhem alimento e oxigênio da placenta e os levam ao bebê, dentro do útero. Os vasos sanguíneos também levam gás carbônico e outros resíduos que serão lançados na placenta. Os resíduos vão parar no sangue materno e, depois, são eliminados.

DR. G. MOSCOSO/SPL

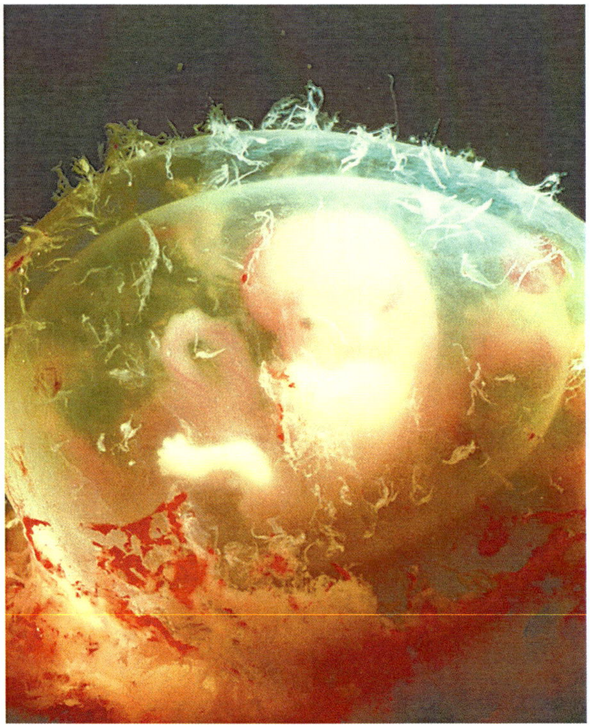

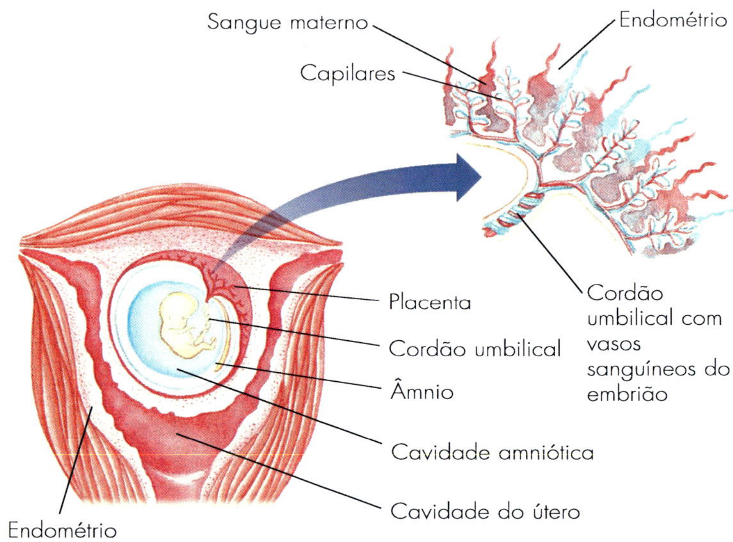

Foto e esquema de embrião no útero, protegido pelo âmnio e nutrido pela placenta.

O embrião fica mergulhado numa bolsa de água chamada âmnio ou saco amniótico, que o protege de movimentos bruscos.

Os três primeiros meses constituem a fase mais delicada da gestação. Nesse período, o desenvolvimento do bebê no útero é muito rápido, apesar de a barriga da mãe não crescer quase nada.

No fim da oitava semana após a fecundação, o embrião já tem os principais órgãos formados e passa a ser chamado de feto. Ele já tem uma aparência humana, mas ainda é muito pequeno: mede cerca de 2,5 centímetros de comprimento.

GARRY WATSON/SPL

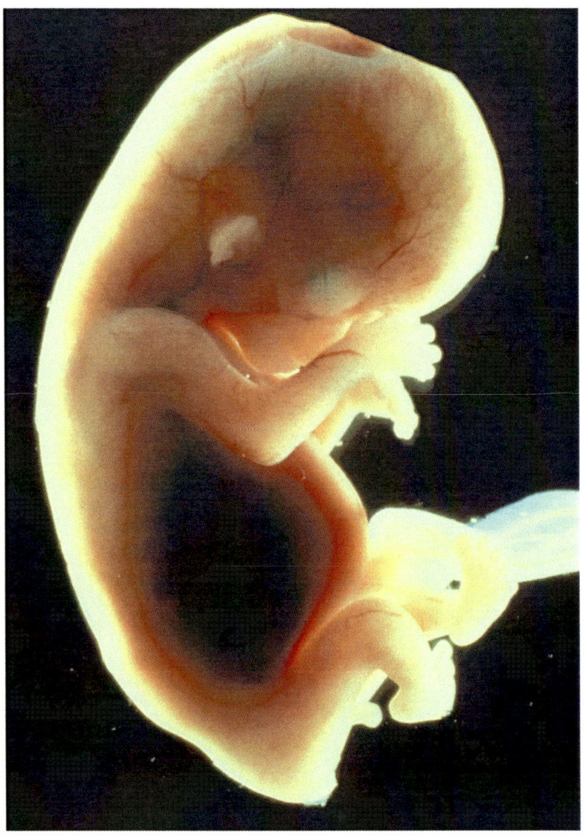

JAMES STEVENSON/SPL

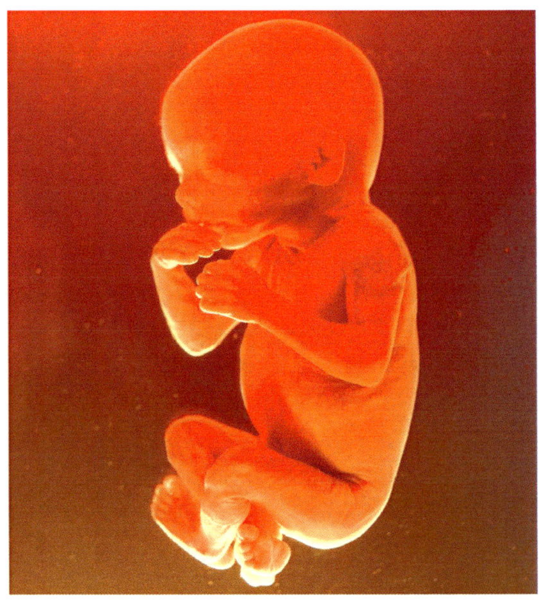

Um feto com 11 semanas e outro com 5 meses.

A gravidez dura cerca de 38 semanas (266 dias), contadas a partir da fecundação, ou 40 semanas (280 dias), a partir do primeiro dia da última menstruação.

Quando o bebê está pronto, as contrações da musculatura do útero indicam que a hora do parto se aproxima. A bolsa de água (âmnio) se rompe e a criança é empurrada para fora do corpo da mãe através da vagina.

Assim que a criança nasce, o cordão umbilical deve ser cortado. Ao mesmo tempo, seu sistema respiratório começa a funcionar. E começa também um período de descobertas que aproximará ainda mais mãe e filho.

Às vezes, o bebê nasce antes da 37ª semana de gestação: é o bebê prematuro. Muito pequeno, ele não consegue respirar com a eficiência necessária, e seu organismo não é capaz de controlar adequadamente sua temperatura. Por isso o bebê prematuro permanece algum tempo na incubadora, um aparelho que mantém a temperatura constante e oferece proteção contra infecções.

Se não houver dilatação suficiente da vagina ou o bebê não estiver na posição adequada para nascer, será necessária a cesariana, uma cirurgia em que a criança é retirada através de um corte na barriga da mãe.

Gêmeos idênticos e gêmeos fraternos

Às vezes, as células que resultam das primeiras divisões da célula-ovo separam-se em dois ou mais grupos independentes, e cada grupo pode originar um embrião completo. Nascem então dois ou mais indivíduos extremamente parecidos entre si, já que vieram da mesma célula-ovo e possuem os mesmos genes. São os gêmeos idênticos, também chamados monozigóticos (vieram de um só zigoto) ou univitelinos (o vitelo é uma reserva de alimento do óvulo responsável pela nutrição do embrião no início do desenvolvimento). Os gêmeos idênticos são sempre do mesmo sexo e têm muitas características iguais, como tipo de cabelo e cor dos olhos. Até a própria personalidade tem alguns aspectos semelhantes! Mas possuem características diferentes, já que o ambiente também influencia nossas características.

A maioria dos casos de gêmeos ocorre de outra forma: são lançados na trompa dois ou mais óvulos e cada um é fecundado por um espermatozoide. Como esses gêmeos se desenvolvem a partir de células-ovo distintas, eles não são tão parecidos quanto os gêmeos idênticos, podendo ser de sexos diferentes. Por isso, eles são chamados de gêmeos fraternos, ou seja, embora nasçam juntos, podem ser tão diferentes quanto dois irmãos. São também chamados de gêmeos dizigóticos (dois zigotos) ou bivitelinos (dois vitelos).

Cuidados na gravidez

Ao ficar grávida, a mulher deve ir ao médico. Ele pedirá exames, às vezes receitará vitaminas, e todo mês vai verificar se a gestação está se desenvolvendo normalmente.

Durante a gravidez, a vida da mulher continua praticamente a mesma. No entanto, alguns medicamentos podem atravessar a placenta e prejudicar o bebê. Por isso, deve-se consultar o médico antes de tomar qualquer remédio.

Bebês de mães que fumam na gravidez correm maior risco de adquirir doenças e até morrer no parto, ou nascer com o peso abaixo do normal. O ato de fumar diminui a quantidade de oxigênio disponível no sangue da mãe para o bebê. O fumo durante a gravidez aumenta também a chance do aborto (interrupção da gestação com a eliminação do feto) espontâneo. O consumo regular de álcool também traz problemas ao feto. Por isso, as mulheres grávidas não devem fumar nem tomar bebidas alcoólicas.

Algumas doenças também podem afetar o bebê se forem contraídas pela mãe durante a gestação. É o caso de rubéola, aids e sífilis, que podem provocar surdez, alterações no cérebro e até mesmo a morte da criança. A rubéola pode ser prevenida pela vacinação.

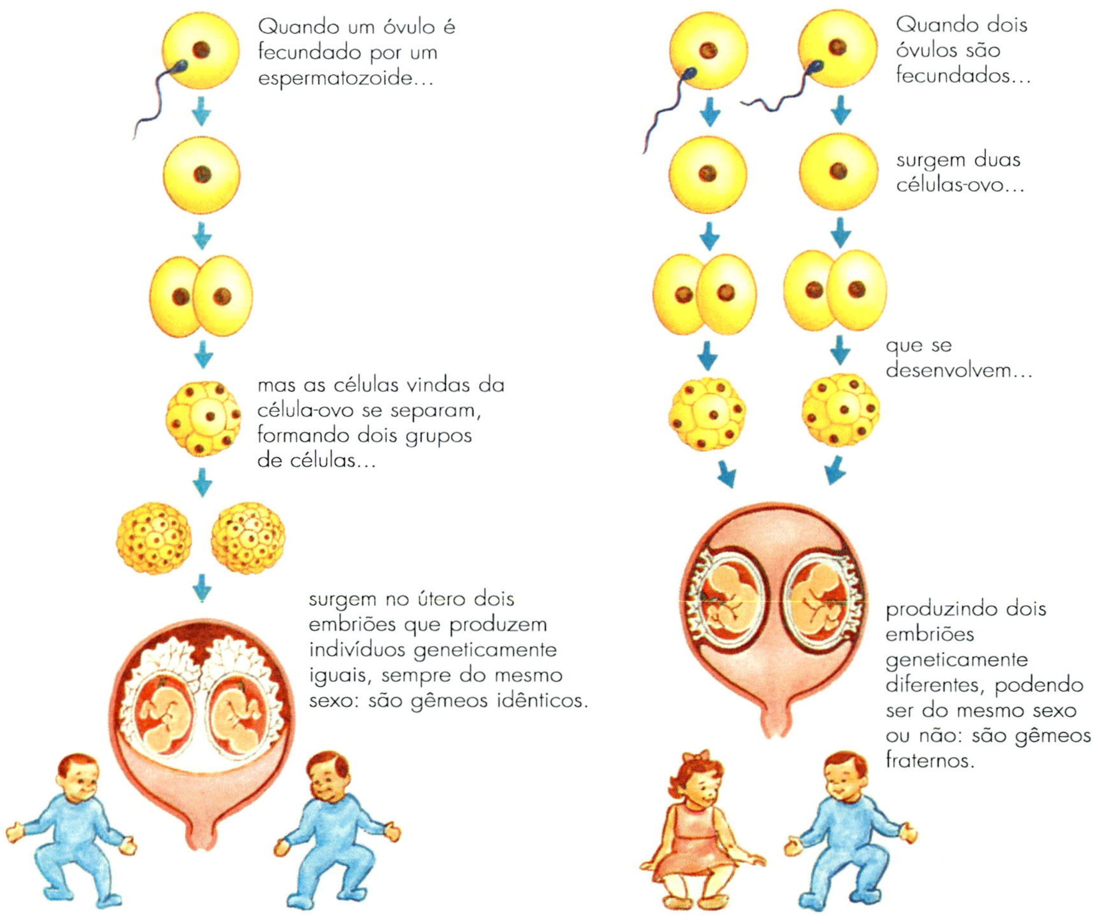

A formação de gêmeos fraternos e gêmeos idênticos.

A infertilidade

Muitos casais desejam ter filhos, mas não conseguem. A causa pode ser a infertilidade – incapacidade, do homem ou da mulher, de gerar filhos. O homem infértil geralmente o é porque produz espermatozoides anormais ou em quantidade insuficiente. A mulher costuma ter problemas na produção de hormônios, o que dificulta a ovulação ou a implantação do embrião no útero.

Se o problema for a produção insuficiente de esperma, pode-se armazená-lo para depois aplicá-lo na mulher com uma seringa especial: é a chamada inseminação artificial. Há também técnicas que injetam espermatozoides diretamente no citoplasma do óvulo.

Alguns casos de infertilidade feminina podem ser tratados com o uso de hormônios. Outras vezes, recorre-se à inseminação feita fora do corpo, em laboratório, com óvulos retirados da mulher. Depois, o embrião, com poucas células, é implantado no útero para que o desenvolvimento se complete.

A importância do leite materno

O leite materno é melhor para o bebê que as fórmulas comerciais preparadas a partir do leite de vaca. As vantagens são várias: é de digestão mais fácil; a probabilidade de causar reações alérgicas e prisão de ventre é menor; contém anticorpos que protegem a criança de diversas doenças contagiosas. Além disso, em casa, no preparo do leite comercial, há maiores riscos de contaminação por germes causadores de doenças, principalmente em locais sem água potável.

A amamentação traz benefícios para a mãe também. Além de aumentar o contato entre ela e seu filho, o que é bom para ambos, diminui o risco de câncer de mama, acelera a volta do útero ao tamanho normal e evita hemorragias depois do parto.

Mas nem sempre é possível amamentar. Às vezes, por exemplo, a mãe precisa tomar certos medicamentos que podem passar para o leite e prejudicar a saúde da criança. As mães portadoras do vírus da aids também devem evitar a amamentação, seguindo a orientação do médico para a escolha e o preparo do leite comercial.

A Organização Mundial de Saúde recomenda que se alimente a criança exclusivamente com leite materno até os seis meses de idade. A partir daí, outros tipos de alimento podem ser oferecidos, diminuindo-se a frequência da amamentação.

Gravidez na adolescência

Enquanto o número de filhos de mulheres adultas vem diminuindo há muitas décadas, o número de partos de mães adolescentes tem crescido constantemente. No Brasil, uma entre cada cinco jovens de 15 a 19 anos já teve um filho.

As garotas precisam saber que, como mãe, terão de assumir muitas responsabilidades e desempenhar um papel para o qual talvez não estejam preparadas. Além disso, terão de dedicar-se quase totalmente ao bebê, em detrimento dos estudos ou do trabalho. É preciso levar em conta também a aceitação da própria família, o apoio do pai da criança e da família dele, além das questões econômicas (gastos com moradia, saúde etc.). Mesmo a jovem mãe que conta com total apoio do pai de seu filho e de ambas as famílias ainda tem de cuidar do bebê, cumprindo os horários de amamentação, banho, troca de fraldas, entre outras tarefas.

A gravidez na adolescência pode ser um problema também quando a garota, com medo, esconde a gravidez da própria família e deixa de receber o cuidado pré-natal.

Diante de tantas questões, é quase certo que a maioria das adolescentes não queira ser mãe com essa idade. O mais comum é ficar grávida "sem querer". Isso ocorre em parte por desinformação em relação aos métodos anticoncepcionais ou por dificuldade de acesso a eles; em parte, pela tendência a achar que "nada vai acontecer", pelo desejo de tentar "segurar" o parceiro com a gravidez, e outros motivos. Pesquisas recentes mostram também que a frequência do uso da camisinha cai à medida que o namoro fica mais sério.

Diante disso, é importante que pais e adolescentes procurem sempre manter um diálogo aberto entre si e que os jovens recebam mais informações nas escolas e na comunidade onde vivem.

4

Evitando a gravidez

Relações sexuais podem resultar em gravidez. E criar um filho é coisa séria: exige dos pais maturidade, condições financeiras e cuidados especiais. Antes de ter uma relação sexual, é preciso pensar nas consequências, sem esquecer que a responsabilidade é tanto do homem quanto da mulher.

Para evitar a gravidez, o casal pode escolher entre vários métodos anticoncepcionais (ou contraceptivos), que evitam a concepção (ou geração) de filhos. É importante consultar um médico antes de optar, para avaliar qual dos métodos é mais adequado ao perfil do casal.

Uma garota não deve, por exemplo, usar pílula anticoncepcional só porque uma amiga toma e não há problema nenhum. Cada pessoa tem um organismo diferente, e a pílula é contraindicada em alguns casos. Somente o médico pode indicar a melhor opção para cada caso. Além disso, de todos os métodos, o único que fornece boa proteção contra doenças sexualmente transmissíveis é a camisinha.

Há pessoas que acreditam em algumas ideias falsas sobre a gravidez: "É difícil engravidar na primeira relação"; "Uma ducha na vagina após a relação tira os espermatozoides do corpo da mulher"; "Ter relação em pé impede a fecundação"; "A mulher só engravida se tiver orgasmo"; "A pílula funciona mesmo quando tomada só no dia da relação", entre outras. Nada disso é verdade.

Muitas pessoas acreditam que para evitar a gravidez basta "tirar na hora", quer dizer, retirar o pênis da vagina antes da ejaculação. O problema é que esse "método" costuma falhar muito, porque o homem nem sempre consegue interromper a relação no momento exato. Além disso, o líquido que sai do pênis antes da ejaculação já contém espermatozoides. Por isso, tal método não deve ser usado quando não se quer engravidar.

Portanto, eis um bom conselho: antes de começar sua vida sexual, vá ao médico.

Camisinha masculina

A camisinha, também chamada camisa de vênus, preservativo ou *condom*, é um invólucro de borracha fina (látex) que deve ser colocado no pênis ereto antes da penetração. Essa é a camisinha masculina; há também uma camisinha feminina, como veremos adiante.

Esse método tem muitos pontos favoráveis: sua compra não exige receita médica, ela não traz riscos à saúde e, além de evitar a gravidez, apresenta uma vantagem sobre outros métodos anticoncepcionais: protege contra aids e outras doenças sexualmente transmissíveis, já que não permite que os espermatozoides ou algum micróbio contido no sêmen passe para a vagina nem que micróbios da vagina penetrem no pênis. Para isso, no entanto, é necessário que ela seja usada corretamente. É preciso, por exemplo, verificar o prazo de validade indicado na embalagem. Cerca de dois anos após a fabricação a borracha se deteriora e pode se romper durante a relação.Também não se deve expor a camisinha ao calor: altas temperaturas podem enfraquecer o látex e facilitar a ruptura. Pelo mesmo motivo, não se recomenda carregar a mesma camisinha por vários meses na carteira ou na bolsa, principalmente no verão. E é preciso abrir com cuidado a embalagem para não danificá-la.

Não se deve tampouco aplicar na camisinha vaselina, óleo de bebê nem cremes ou loções à base de óleo, porque podem enfraquecer a borracha e causar seu rompimento.

Existem à venda muitos produtos que podem ser usados com a camisinha: creme ou gel lubrificante, que facilita a penetração do pênis na vagina, e espermicidas, que destroem os espermatozoides e aumentam a eficiência da camisinha. Existem também camisinhas que já vêm lubrificadas.

Finalmente, é muito importante que a camisinha seja retirada logo depois da ejaculação, quando o pênis ainda está ereto, a partir da base do pênis, para que o esperma não saia pelas bordas. E nada de reaproveitar a camisinha: jogue-a no cesto de lixo e use uma nova a cada relação.

A camisinha não interfere no prazer da mulher durante o ato sexual. Alguns homens acham que diminui um pouco a sensibilidade do pênis. Em compensação, outros acreditam que isso permite prolongar a relação sexual e adiar a ejaculação.

Usada de forma correta, a chance de falha é de cerca de 3%. Isso significa que, por ano, de 100 mulheres cujos parceiros usam a camisinha como método anticoncepcional, em média 3 ficam grávidas.

Se, mesmo com todos os cuidados, a camisinha estourar ou vazar, é preciso procurar o médico o mais rápido possível.

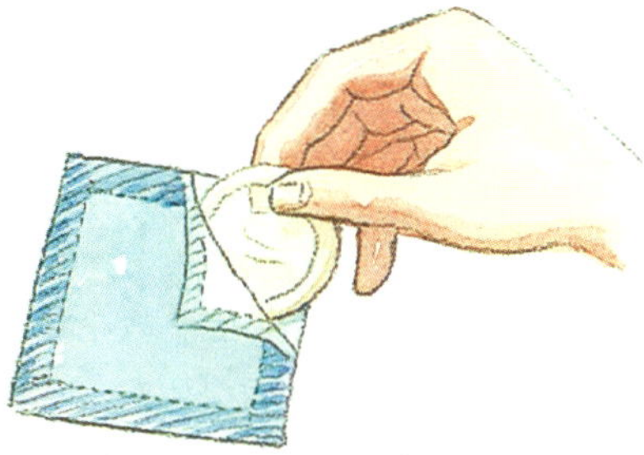

As camisinhas vêm enroladas em embalagens individuais.

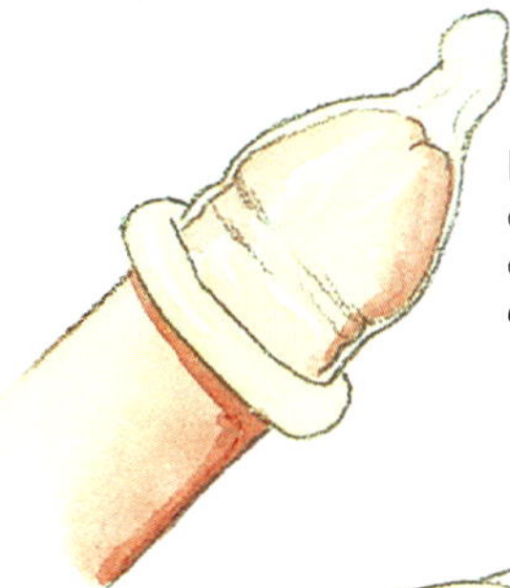

Na hora de colocar a camisinha, deve-se apertar o ar e deixar um pequeno espaço para o esperma.

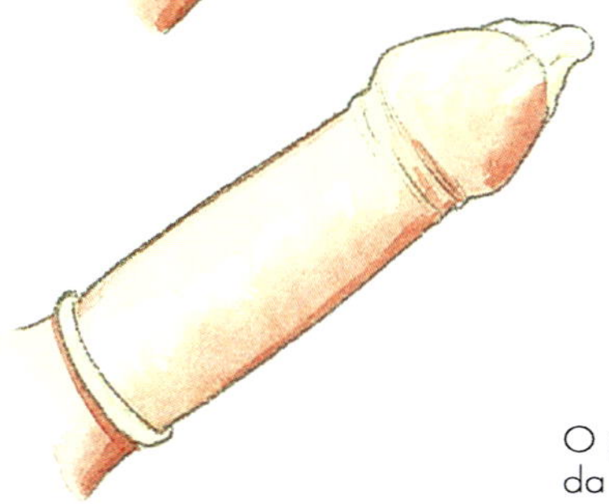

Desenrole-a sobre o pênis ereto. Cuidado para não rasgar ou furar a camisinha com a unha ou anéis.

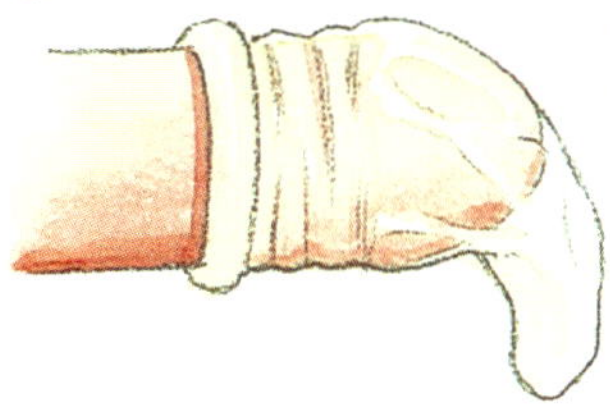

O pênis deve ser retirado da vagina logo após a ejaculação, ainda ereto. Ao retirar o pênis, deve-se segurar a camisinha pela borda, para evitar vazamentos.

A camisinha é um método anticoncepcional seguro, desde que usada corretamente.

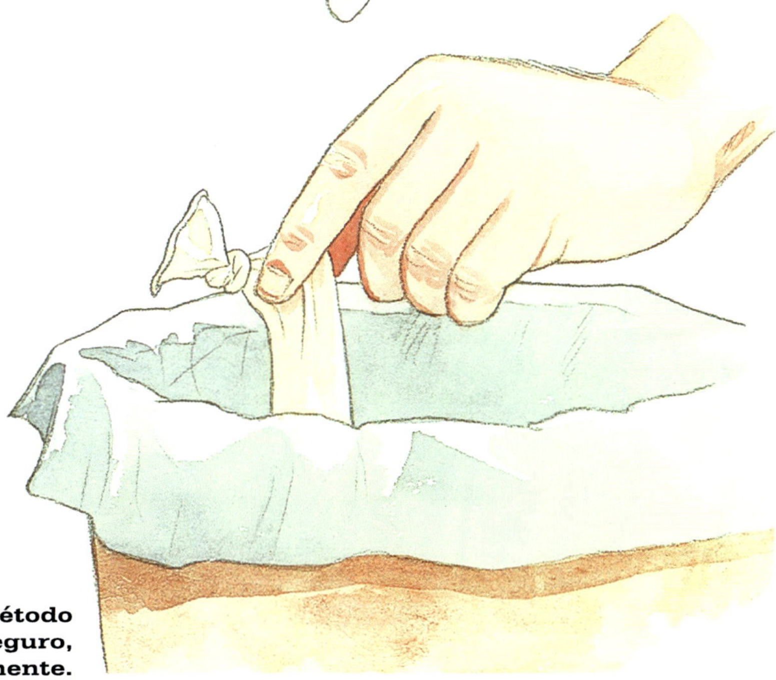

Deve-se usar a camisinha apenas uma vez e então jogá-la no lixo, dando um nó perto da abertura.

Camisinha feminina

O preservativo feminino é um tubo de poliuretano, plástico macio e flexível, que se encaixa na vagina. Protege de doenças sexualmente transmissíveis, e é mais caro que a camisinha masculina.

Para colocá-lo corretamente é preciso ler as instruções na embalagem. Também é conveniente procurar a orientação do médico. Veja na figura como é usada essa camisinha.

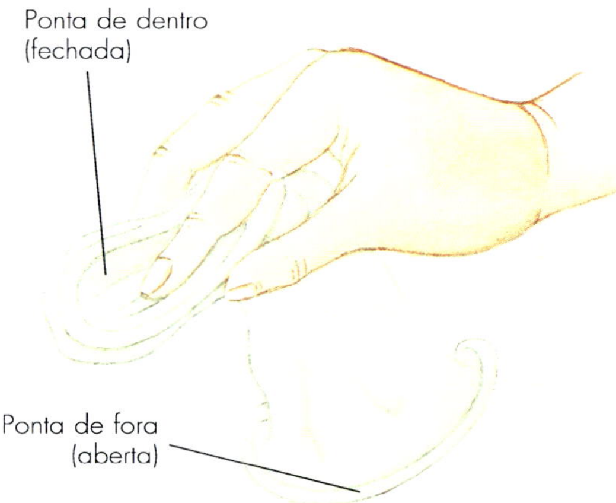

Retire a camisinha da embalagem. Aperte o anel na ponta fechada (menor e mais grossa que a ponta aberta).

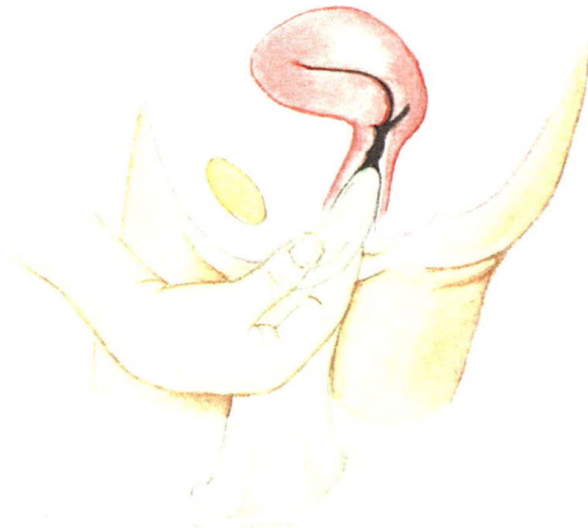

Afaste os lábios vaginas com uma das mãos e introduza a parte fechada dentro da vagina, empurrando-a até o fundo.

A camisinha feminina.

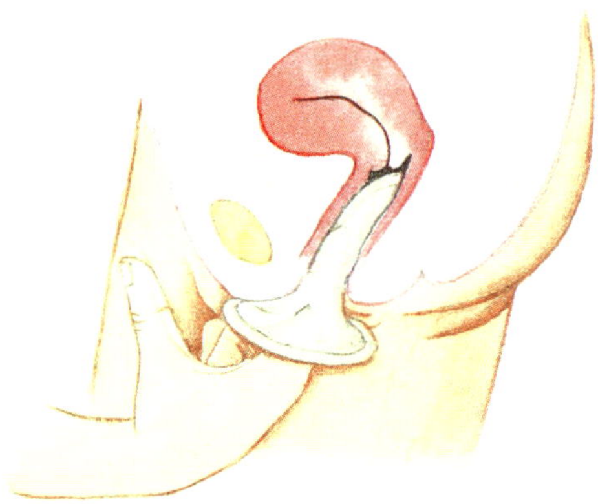

Depois de colocado, uma parte do preservativo (cerca de 3 cm) fica fora da vagina.

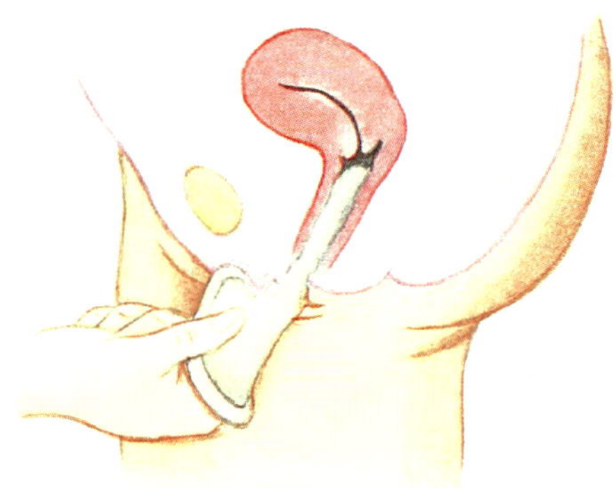

Após a relação, torça a ponta de fora para segurar o esperma e puxe o preservativo da vagina.

Não se deve usar ao mesmo tempo o preservativo feminino e o masculino: eles podem grudar um no outro e sair do lugar.

Anticoncepcionais hormonais

A pílula anticoncepcional é um comprimido que contém hormônios que impedem a ovulação ou modificam a secreção (muco) produzida no útero, dificultando a passagem dos espermatozoides. Usada corretamente, seu índice de falha fica entre 1 e 2%.

Mas atenção: a pílula deve ser indicada por um médico, que dará as instruções de uso. Em algumas mulheres, ela pode causar náusea, dor de cabeça e outros incômodos, que devem ser comunicados ao médico.

A pílula pode ser contraindicada para mulheres que têm certas doenças (diabetes, problemas circulatórios ou no fígado, etc.).

A pílula é perigosa para as mulheres fumantes: a combinação das substâncias contidas na pílula com as do cigarro aumenta o risco de distúrbios no sistema circulatório. Também não deve ser tomada durante a gravidez ou quando há suspeita de gravidez, nem nos primeiros meses da amamentação.

O médico pode indicar um tipo de pílula com menos hormônios, a minipílula, para mulheres que têm problemas com a pílula comum ou que estão amamentando. Mas é necessário tomar os mesmos cuidados descritos anteriormente.

Além da pílula, existem anticoncepcionais que são tomados na forma de injeção. A vantagem deles é que basta uma injeção mensal ou a cada três meses, dependendo do tipo de produto.

Também há o implante subcutâneo; trata-se de pequenos tubos de plástico que o médico coloca sob a pele do braço e que liberam hormônios no sangue durante cerca de três anos.

Há ainda adesivos que liberam hormônios na pele, e devem ser trocados semanalmente, e o anel vaginal, que libera hormônios no interior da vagina.

Todos esses métodos podem provocar problemas e só devem ser indicados pelo médico. É importante também sempre observar a data de validade do produto, na embalagem.

ATENÇÃO:

Lembre-se de que as informações deste capítulo têm o objetivo de ajudá-los a conhecer melhor os diversos métodos anticoncepcionais. Mas, antes de usar qualquer método e antes de começar a ter relações sexuais, o melhor a fazer é consultar um médico.

DIU

DIU é a sigla para dispositivo intrauterino. Trata-se de uma pequena peça de plástico recoberta de cobre, colocada pelo médico dentro do útero. O cobre destrói parte dos espermatozoides e impede que outros cheguem até o óvulo e o fecundem. Além disso, o DIU não permite que o óvulo fecundado se fixe no útero.

O DIU de cobre pode ficar cerca de três a dez anos no útero (dependendo do modelo) e deve ser retirado ou substituído somente pelo médico.

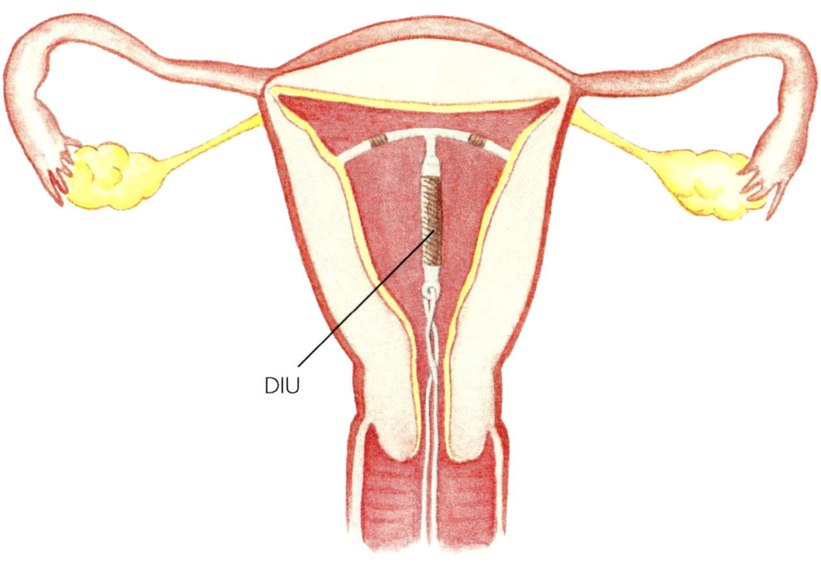

É um anticoncepcional seguro, com índice de falha em torno de 1%.

Ele pode gerar cólicas, dores e sangramento menstrual mais prolongado ou sangramento entre as menstruações. Há casos em que o organismo rejeita o DIU, expulsando-o. Usando-o, a mulher corre um risco maior de ter infecções. Como algumas infecções podem provocar esterilidade, não se costuma indicar o DIU para mulheres muito jovens e que ainda não tiveram filhos, ou que tiveram recentemente alguma doença sexualmente transmissível.

Há ainda um tipo de DIU que libera um hormônio sintético semelhante à progesterona. Seu efeito dura até cinco anos. Da mesma forma que acontece com o outro, quem usa esse tipo de DIU precisa consultar o médico periodicamente para verificar se a adaptação está ocorrendo sem problemas.

Diafragma

O diafragma é um capuz de borracha ou silicone que é colocado pela própria mulher no fundo da vagina para tapar a entrada do útero e bloquear a passagem dos espermatozoides.

Deve-se colocar com o diafragma um creme ou uma geleia espermicida (que mata os espermatozoides), para impedir que o esperma passe pelas bordas se o diafragma sair do lugar.

Os espermicidas podem ser usados também isoladamente como método anticoncepcional (são inseridos na vagina pelo menos dez minutos antes do ato sexual), mas, neste caso, têm baixa eficácia.

O diafragma deve permanecer no corpo da mulher por pelo menos seis horas, contadas a partir do ato sexual, para que o espermicida destrua os espermatozoides. Não convém deixá-lo por mais de um dia, pois há risco de infecções.

A partir de duas horas após a relação, se houver outra, deve-se aplicar um pouco mais de espermicida na vagina, sem tirar o diafragma.

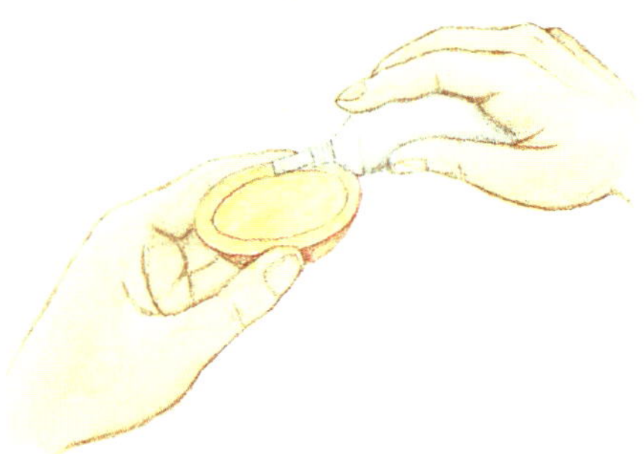

Lave as mãos e aplique um pouco de espermicida na face interna do diafragma, principalmente nas bordas.

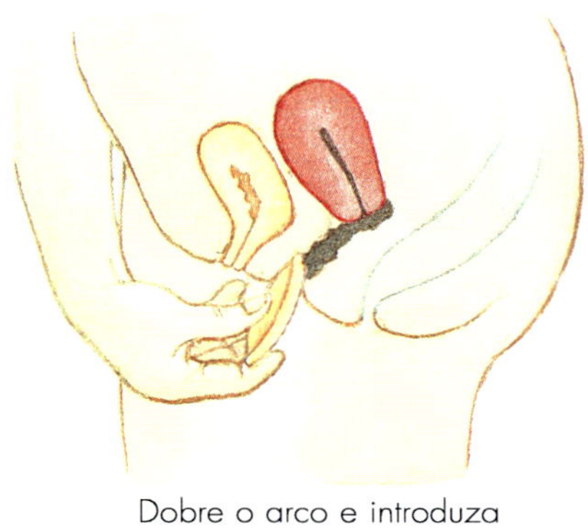

Dobre o arco e introduza o diafragma na vagina.

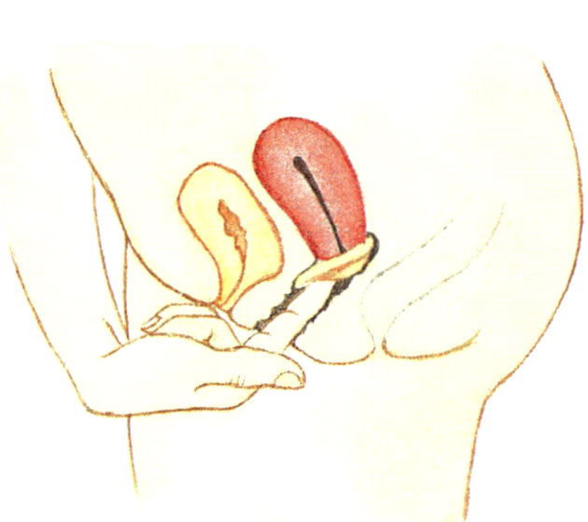

Verifique se ele está no lugar: com o dedo, procure sentir o colo do útero através da borracha.

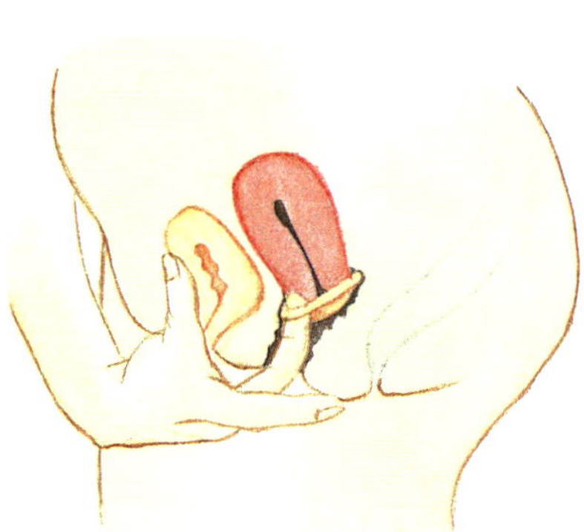

Para retirá-lo, puxe o anel da borda.

Como usar o diafragma.

Há vários tamanhos de diafragma. Só o médico pode determinar qual o mais apropriado para cada mulher, além de lhe dar instruções sobre o modo de usar.

Depois do uso, o diafragma deve ser lavado com água e sabão neutro, secado e guardado no estojo para ser reutilizado numa outra ocasião. É necessário verificar regularmente se ele está furado: para isso basta observá-lo contra a luz ou enchê-lo de água.

O diafragma não costuma causar problemas no organismo. Pode aumentar um pouco a chance de infecção urinária. No entanto, é menos eficiente que a pílula e o DIU.

Métodos de abstinência

Não ter relações sexuais (abstinência) é, sem dúvida, um procedimento eficiente para não engravidar. E alguns métodos propõem justamente que a mulher evite a relação sexual nos dias em que há maior risco de engravidar, isto é, no período fértil.

São os únicos métodos aprovados por certas religiões, como a católica. Apesar de não haver efeitos colaterais para a saúde da mulher, é necessária uma orientação detalhada do médico e muito treinamento e disciplina para conseguir utilizar corretamente esses métodos. E, mesmo assim, o índice de falhas é maior que nos métodos vistos anteriormente.

Adolescentes devem evitar esses métodos porque a ovulação ocorre de forma muito irregular nessa fase da vida.

A ovulação acontece geralmente 14 dias antes da menstruação. Assim, se a mulher tiver um ciclo de 28 dias, a ovulação ocorre no 14º dia do ciclo. Se ela tiver um ciclo de 30 dias, a ovulação geralmente ocorre no 16º dia do ciclo.

O óvulo sobrevive na tuba uterina por 24 horas, mas a ovulação pode atrasar um dia; o espermatozoide sobrevive, em geral, cerca de três dias – mas pode durar de 5 a 7 dias. Portanto, para evitar a gravidez, a mulher não deve ter relações três dias antes da ovulação nem dois dias depois. Mas, como são raras as mulheres que têm ciclo regular, fica difícil prever com certeza quando será o próximo período fértil. Se o ciclo for muito curto, por exemplo, relações sexuais mesmo logo após a menstruação podem resultar em gravidez, já que o período fértil pode cair muito próximo à menstruação.

Para melhorar a eficácia desse método, a mulher pode descobrir o dia da ovulação medindo a temperatura do corpo, tomada pela boca, todos os dias na mesma hora. Isso deve ser feito ao acordar, antes de levantar-se. Depois da ovulação, a temperatura sobe, em média, 0,3 °C. Se após três dias ela continuar mais alta do que a dos dias anteriores, isso quer dizer que a ovulação já ocorreu e não há mais risco de fecundação.

Medir a temperatura serve apenas para descobrir, com um pouco mais de precisão, os possíveis dias não férteis da segunda metade do ciclo. Para a primeira metade (antes da ovulação), é necessário usar outro método anticoncepcional ou não ter relações sexuais nesse período. Além disso, uma pequena febre causada por gripe ou outra doença pode provocar certo aumento na temperatura sem que a pessoa se dê conta.

Outro modo de descobrir o dia da ovulação é por meio da observação da consistência da secreção (muco), produzida no útero, que sai pela vagina. Dois ou três dias depois da menstruação, há muito pouco ou nenhum muco, e o risco de gravidez é menor. Ao longo dos dias, ele torna-se pegajoso e as relações sexuais têm de ser suspensas (ou deve-se usar outro método anticoncepcional). Na época mais fértil, o muco fica elástico (para perceber isso, basta tentar distendê-lo entre o polegar e o indicador ou o dedo médio, de modo a formar um fio) e transparente, com uma consistência parecida com a da clara de ovo crua. Isso indica que a ovulação já ocorreu ou vai ocorrer nas próximas 48 horas.

Cerca de quatro dias depois do aparecimento do muco elástico, sua quantidade diminui ou desaparece (o muco pode também perder a consistência ou ficar mais espesso). Isso indica que a ovulação já ocorreu há mais de 24 horas e as relações sexuais têm poucas chances de resultar em gravidez.

No entanto, se a mulher tiver alguma infecção na região genital ou se usar espermicidas, o muco ficará alterado, prejudicando a observação.

A observação do muco pode ser combinada à da temperatura, mas é necessário acompanhar muitos ciclos para conhecer bem as mudanças.

Portanto, se a mulher não quiser correr nenhum risco de engravidar, ela não deve usar esses métodos, já que sua eficácia é baixa.

Contracepção de emergência

Depois de uma relação sexual em que não se usou nenhum método anticoncepcional, a mulher deve procurar um médico o quanto antes. Ele poderá indicar a chamada "pílula do dia seguinte", comprimidos que funcionam como anticoncepcional de emergência. A pílula pode ser utilizada até 72 horas depois de uma relação sexual sem proteção (quanto antes, maior a eficácia) ou quando ocorrer algum problema com o método anticoncepcional (ruptura da camisinha, por exemplo).

Os comprimidos da pílula do dia seguinte contêm altas doses de hormônios semelhantes aos da pílula anticoncepcional, mas nem sempre dão resultado e podem causar efeitos colaterais (dor de cabeça, tontura, irregularidade no ciclo menstrual, náuseas e vômitos). Os comprimidos também não devem ser tomados se o embrião já estiver implantado no útero (não interrompem a gravidez). Por tudo isso, a pílula do dia seguinte não pode ser usada como método regular de anticoncepção, em substituição a outros métodos (também porque ela perde a eficácia com o uso regular). Vale ressaltar que nem toda mulher pode usar essa pílula. Ela deve sempre ser receitada por um ginecologista, que vai orientar o seu uso e observar os possíveis efeitos colaterais.

É importante saber também que essa pílula não oferece proteção em caso de relações sexuais ocorridas depois de seu uso.

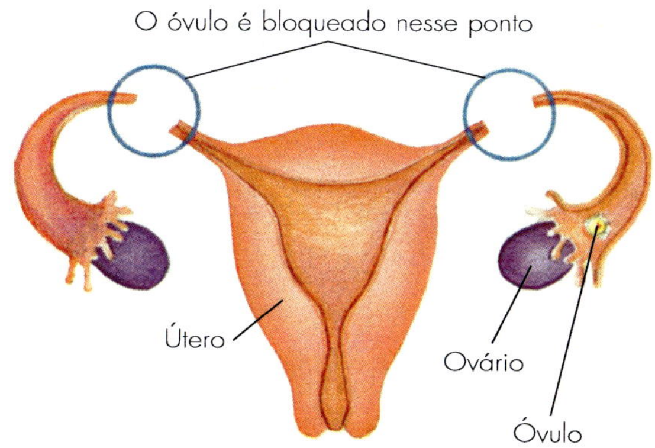

A esterilização

Se um casal não quiser mais ter filhos, o homem ou a mulher pode realizar uma cirurgia, a esterilização.

Na esterilização feminina, chamada laqueadura tubária ou ligadura das trompas, o médico bloqueia as tubas uterinas. Um dos modos de fazer isso é cortar e amarrá-las. Assim, a ligação entre o ovário e o útero é interrompida, e o espermatozoide não pode mais chegar até o óvulo.

As relações sexuais, o ciclo menstrual e as demais funções do organismo feminino não são afetados por essa cirurgia.

A esterilização masculina é chamada vasectomia. É um procedimento mais simples do que a esterilização feminina. O homem recebe anestesia local, e é feito um pequeno corte nas laterais da pele da bolsa escrotal. Os ductos deferentes são cortados e amarrados. Com isso, os espermatozoides produzidos nos testículos não chegam até a uretra e são absorvidos pelo corpo.

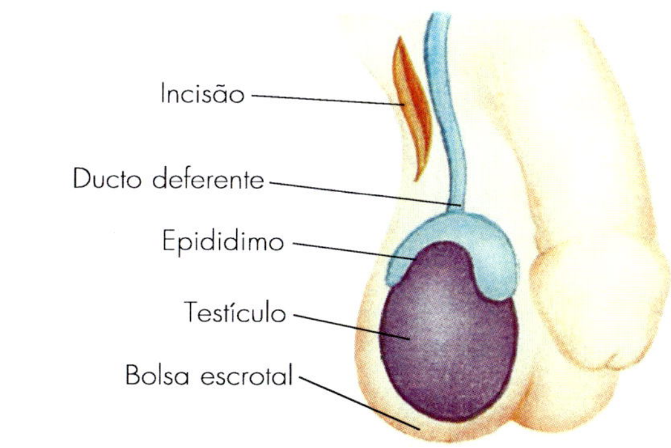

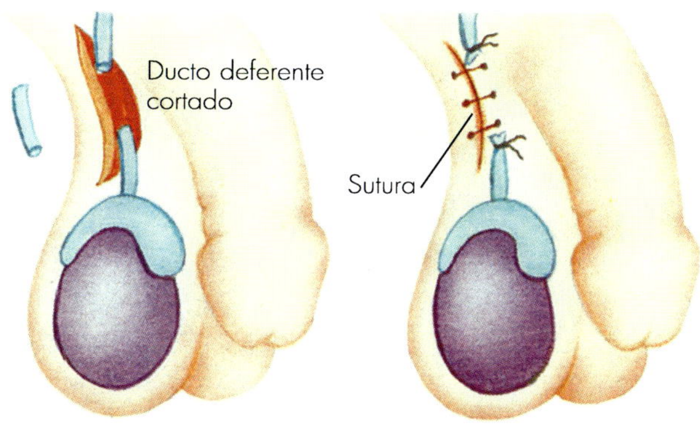

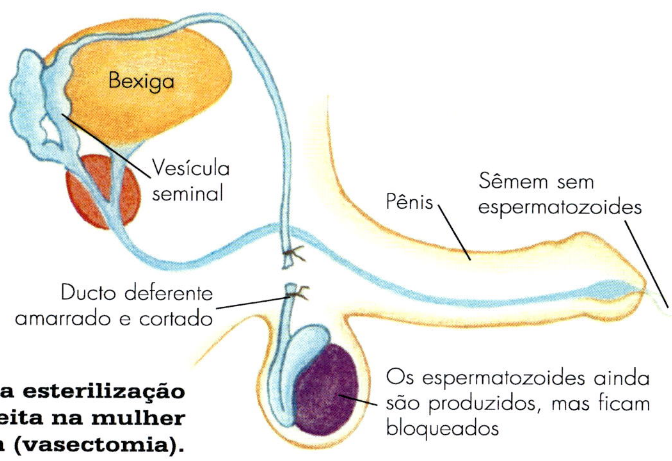

Para casais que decidem não mais ter filhos, a esterilização pode ser uma alternativa. Ela pode ser feita na mulher (laqueadura tubária) ou no homem (vasectomia).

Após a cirurgia, o homem continua a eliminar esperma, mas sem espermatozoides. Porém, pode demorar entre dois e quatro meses (ou cerca de 30 ejaculações) para que se esgotem os espermatozoides armazenados nos ductos deferentes. Só depois disso é que o homem fica estéril (ele deve fazer um exame para comprovar isso).

O maior problema é que nem sempre é possível reverter a esterilização por meio de uma nova cirurgia. Se o homem (ou a mulher) quiser ter filhos novamente, será necessário empregar técnicas caras, que retiram espermatozoides dos testículos ou óvulos dos ovários para que sejam fecundados em laboratório.

Por isso, na prática, a esterilização deve ser considerada definitiva. A decisão de se submeter à ligadura das tubas ou à vasectomia tem de ser bem pensada e discutida com o médico e a família.

O aborto

Algumas doenças infecciosas, como a sífilis, e problemas no feto ou no organismo da gestante podem provocar um aborto espontâneo. Mas há também o aborto provocado ou induzido, que geralmente ocorre quando, por algum motivo, a mulher não quer ter o filho.

As leis que regulamentam o aborto variam de país para país. No Brasil, o aborto induzido é considerado crime. É permitido apenas quando a gravidez representar risco de morte para a gestante ou quando for resultado de estupro (crime que consiste em forçar alguém à relação sexual mediante violência ou grave ameaça).

Apesar disso, o aborto é praticado clandestinamente em nosso país. Quando é feito sob condições de higiene precárias, torna-se muito perigoso e pode provocar infecções, esterilidade e, em casos extremos, até a morte.

Geralmente, o aborto envolve riscos e pode causar muita angústia e sentimento de culpa. Por isso o melhor é se prevenir, escolhendo com o médico e com o parceiro um método anticoncepcional adequado.

A questão do aborto vem sendo muito debatida em nossos dias. Algumas pessoas são contra o aborto porque acreditam que ele destrói uma vida humana. Essa é a posição de várias religiões, como a católica.

Outras pessoas acham que a mulher deve ter o direito de decidir sobre o seu corpo e de interromper uma gravidez não desejada. Esse grupo defende a legalização do aborto em nosso país.

Mas, além de discutir o direito ao aborto, é importante lutar pelo direito a uma vida decente e digna: muitos casais optam pelo aborto porque não têm a segurança econômica necessária para criar seus filhos.

Se a população tivesse mais acesso a educação, creches, hospitais, informações sobre métodos anticoncepcionais, entre outros benefícios, as pessoas poderiam planejar melhor suas vidas: ter ou não filhos, quando e por quê.

5 Doenças sexualmente transmissíveis

Algumas doenças passam de uma pessoa a outra principalmente através da relação sexual. Elas são chamadas doenças sexualmente transmissíveis, também conhecidas como DSTs.

Calcula-se que cerca de 30 milhões de pessoas no Brasil estejam infectadas por alguma DST. Uma das causas desse número tão grande é a falta de informação.

É possível prevenir-se contra essas doenças usando camisinha nas relações sexuais. A proteção não é completa (principalmente se a camisinha não for usada corretamente), mas o risco diminui muito (a melhor proteção contra doenças sexualmente transmissíveis é a abstinência ou ter relações sexuais apenas com um parceiro não infectado).

Para facilitar o tratamento, deve-se procurar o médico logo que surgir qualquer um dos seguintes sintomas:

- coceira, dor, caroços, feridas, bolhas, verrugas, inflamação, manchas avermelhadas ou escuras nos órgãos genitais ou em torno deles, na região anal, na boca, na palma da mão, na planta do pé;
- dor, ardência ou incômodo durante o ato sexual ou ao urinar;
- necessidade frequente de urinar ou ínguas (inchaços) na virilha;
- saída de secreções ou sangue pelo pênis;
- mudança de cor ou cheiro na secreção vaginal ou dor no abdome.

Atenção: pode acontecer também de uma pessoa ter DST e não sentir nada; mesmo assim ela pode transmitir a doença. Além disso, dependendo do tipo de doença, podem se passar dias ou semanas até que os sintomas apareçam: é o chamado período de incubação. Por isso, se um parceiro esteve com infecção ou mesmo com suspeita de infecção, o outro deverá procurar um médico, mesmo que não apresente sintomas. Caso o médico constate alguma doença, é preciso avisar logo o parceiro, para que ele procure tratamento.

Às vezes, os sintomas da doença desaparecem espontaneamente e a pessoa pensa que está curada. Mas sem o tratamento médico a doença pode voltar mais forte e provocar consequências sérias.

Os remédios receitados pelo médico devem ser tomados de acordo com a orientação dada por ele. Mesmo que os sintomas diminuam, a medicação precisa ser mantida pelo prazo indicado. E o contato sexual deve ser suspenso nesse período.

As mulheres devem consultar um ginecologista uma vez por ano, mesmo que não tenham nenhuma DST.

E não esqueça: quanto mais cedo uma doença for diagnosticada e tratada, mais fácil e rápida será a cura.

ATENÇÃO:

As informações deste capítulo têm o objetivo de ajudar as pessoas a conhecer melhor as principais doenças sexualmente transmissíveis, mas não substituem a consulta ao médico, nem podem ser usadas para diagnóstico, tratamento ou prevenção de doenças.

Somente o médico pode dizer se alguém tem ou não uma DST. Por isso, nunca tome remédios ou faça tratamentos por conta própria ou por indicação de amigos.

O quadro a seguir apresenta as DSTs mais comuns.

	Doença	Causa	Sintomas
DOENÇAS SEXUALMENTE TRANSMISSÍVEIS (DSTs)	Gonorreia ou blenorragia	Bactéria (*Neisseria gonorrheae*), como a da foto ao lado. As bactérias são organismos microscópicos formados por uma única célula muito simples. 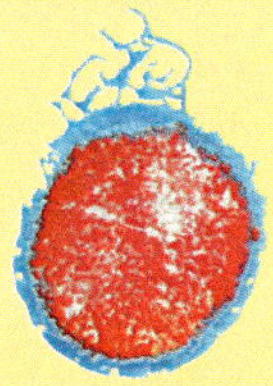	O homem sente dor e ardência na região genital e elimina uma secreção branca ou amarelada ao urinar. Na mulher, a secreção vaginal fica amarelada ou não há sintomas (mas o médico pode diagnosticar a doença por meio de exames).
	Sífilis	Bactéria (*Treponema pallidum*), indicadas na foto abaixo (ampliação de 4 mil vezes). 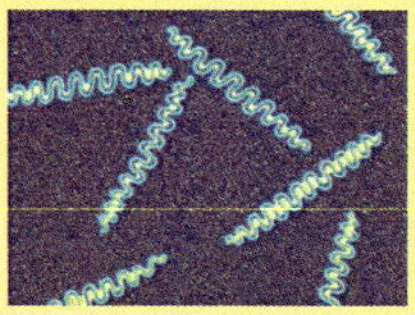	O primeiro sinal é uma ferida sem dor, com bordas duras, elevadas e avermelhadas na área genital, no ânus, na boca ou nos dedos, a qual some em duas a seis semanas. Sem tratamento, de dois a seis meses depois, aparecem feridas na pele, há febre e dores nas articulações e músculos. As feridas na pele e na mucosa transmitem a bactéria. Por isso, não se deve ter relações sexuais enquanto a sífilis não estiver curada.
	Herpes genital	Vírus da herpes. O vírus é formado por um material genético envolvido por uma cápsula, como a da figura (ampliação de cem mil vezes). 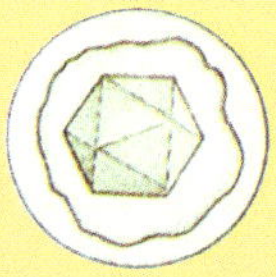	Vermelhidão e coceira na área genital. Depois surgem pequenas bolhas que estouram e formam feridas. Os sintomas desaparecem mas o vírus continua no organismo e pode provocar recaídas.
	Infecção por clamídia	Bactéria (*Chlamydia trachomatis*). Na foto, ampliada 60 mil vezes. 	Causa infecções na uretra, olhos, útero e tubas uterinas. Dor e ardência ao urinar, sangramento no período entre as menstruações, dor durante o ato sexual e outros sintomas. Às vezes não há sintomas.
	Tricomoníase	Protozoário (*Trichomonas vaginalis*). Protozoários são seres unicelulares, cuja célula é maior que as da bactéria. Na figura, estão ampliados 2 mil vezes. 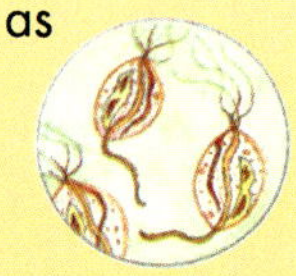	A mulher elimina uma secreção branca ou amarelada pela vagina. Pode haver dor ao urinar. O homem pode também ter dor ao urinar, mas geralmente não há sintomas.
	Condiloma acuminado (verrugas genitais)	Vírus HPV ou papilomavírus humano. Na figura, ampliado cem mil vezes. 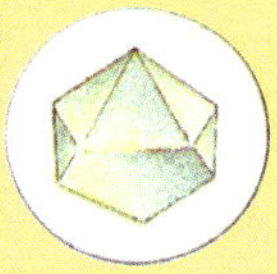	Verrugas nos órgãos genitais, no útero, no reto ou ao redor do ânus.
	Pediculose pubiana	Piolho pubiano (*Phtirus pubis*), conhecido popularmente como "chato". 	Coceira na região pubiana (os piolhos ficam grudados aos pelos pubianos).

Tratamento	Complicações por falta de tratamento
Antibióticos	Pode provocar esterilidade e atacar o coração, as juntas e outros órgãos. Se a mãe tiver a doença, os olhos do recém-nascido podem ser infectados durante o parto, provocando cegueira.
Antibióticos	A doença poderá atacar, até muitos anos depois, o coração, as artérias e o sistema nervoso, provocando paralisia, perturbações mentais e morte. Pode passar da mãe para o feto, provocando problemas físicos e mentais na criança.
Os medicamentos diminuem os sintomas, a duração e as hances de transmissão da doença, mas não eliminam o írus. Uma pessoa com herpes deve evitar tocar a área ontaminada ou, quando o fizer, lavar as mãos em seguia. Não deve ter relações sexuais durante as recaídas. O vírus pode ser transmitido através do contato com as eridas em áreas não protegidas pela camisinha. Mesmo ssim, a camisinha dá proteção parcial e deve sempre er usada.	O vírus pode passar para a criança durante o parto. Por isso, a mulher com herpes deve informar esse fato ao médico e fazer periodicamente o exame preventivo com o ginecologista.
ntibióticos	Esterilidade. Pode passar da mãe para o feto.
omprimidos indicados pelo médico resolvem o problema.	Os órgãos genitais externos da mulher podem ficar inflamados e feridos. A relação sexual pode causar dor.
liminar as verrugas por meio de bisturi elétrico, congeamento, *laser*, cirurgia ou produtos químicos.	Mulheres que têm ou tiveram condiloma devem fazer exames periódicos para a prevenção do câncer de colo de útero, já que algumas variedades do vírus aumentam as chances de aparecimento desse tipo de câncer. Deve também avisar ao médico, já que o vírus pode passar para o filho na hora do parto, provocando problemas respiratórios.
Medicamentos aplicados no local e fervura das roupas nfestadas (a transmissão pode ocorrer tanto pelo conta- sexual como pelas roupas).	

Há ainda outras doenças que não são transmitidas apenas pelo ato sexual. A monilíase, provocada pelo fungo *Candida albicans* (monília), pode aparecer devido ao uso de antibióticos e outros produtos que modificam a composição normal da flora vaginal (bactérias e outros organismos que vivem normalmente na vagina e não causam doenças).

Na mulher, causa coceira, ardor ao urinar e secreção esbranquiçada nos órgãos genitais. No homem, pode provocar vermelhidão e coceira na área genital.

O tratamento é feito com cremes e comprimidos antimicóticos (contra fungos) indicados pelo médico.

Deve-se evitar também usar roupas muito apertadas ou ficar muito tempo com roupas molhadas no corpo, já que a umidade favorece o aparecimento da monilíase.

Outra doença que não é transmitida exclusivamente por ato sexual é a hepatite, uma inflamação do fígado que pode ser provocada por vários tipos de vírus. Os sintomas são parecidos: icterícia (pele e olhos amarelados), febre, náuseas, vômitos, falta de apetite, etc.

Alguns tipos de vírus da hepatite são transmitidos por água e alimentos contaminados, mas o vírus do tipo B pode ser transmitido por transfusão de sangue e nas relações sexuais. Passa também da mãe para o filho no momento do parto.

Quem já teve hepatite não deve doar sangue, porque o vírus pode continuar no organismo, mesmo sem haver sintomas da doença.

Há risco de o vírus provocar cirrose (destruição do fígado) ou câncer de fígado. Por isso, as crianças ou os adultos não vacinados devem tomar a vacina contra esse vírus.

Papanicolau: um exame importante para a mulher

A partir dos 18 anos – ou antes, se já tiver tido relação sexual –, toda mulher deve ir ao ginecologista e fazer, anualmente, um exame chamado papanicolau – em homenagem a seu descobridor, o cientista de origem grega George Papanicolaou (1883-1962). Esse exame serve para verificar a existência de câncer no útero, acusar algumas infecções e determinar o nível de hormônios relacionados ao ciclo menstrual.

Nesse exame, o médico colhe células da vagina e do colo do útero (a parte mais estreita do órgão, que se abre na vagina). É um processo seguro e rápido. Depois, a amostra é examinada ao microscópio e verifica-se a existência de alterações nas células, ou seja, se o câncer está presente ou não. Descoberto a tempo, esse tipo de câncer é 100% curável.

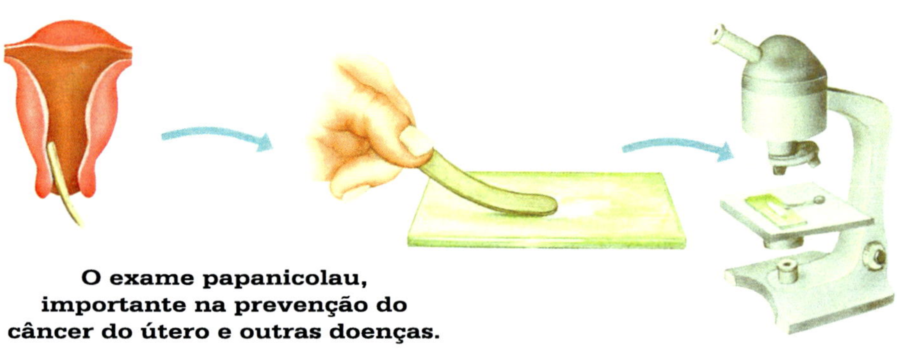

O exame papanicolau, importante na prevenção do câncer do útero e outras doenças.

6

Aids: um risco que devemos evitar

Ainda não há cura para a aids e a melhor maneira de evitar essa doença é informando-se.

Aids é a sigla de uma expressão em inglês que significa "síndrome da imunodeficiência adquirida". Síndrome é um conjunto de sintomas provocados por uma única causa. No caso da aids, a síndrome é o enfraquecimento do sistema imune ou imunitário da pessoa infectada. O sistema imune é formado principalmente pelos glóbulos brancos do sangue (também chamados leucócitos), que defendem o corpo contra infecções. O termo "imunodeficiência" significa que o sistema imune das pessoas com aids não consegue defender o corpo de várias infecções. E o termo "adquirida" indica que esse problema não é hereditário, mas adquirido justamente pelo ataque do vírus da aids.

O vírus da aids é identificado pela sigla HIV, iniciais da expressão em inglês para "vírus da imunodeficiência humana".

O vírus penetra em um tipo de glóbulo branco (chamado linfócito) que comanda a defesa do corpo, provocando sua destruição. Uma vez dentro do glóbulo, formam-se novos vírus que saem da célula e vão atacar outras. Aos poucos, o vírus destrói o sistema imunitário. Com isso, a pessoa acaba contraindo uma série de infecções, vai enfraquecendo cada vez mais e acaba morrendo.

Depois de ter sido contaminada com o vírus, a pessoa pode levar muitos anos (até 15, ou mais) para ficar doente. Com os medicamentos atuais, esse tempo aumentou muito, e a qualidade de vida dos portadores do vírus também melhorou. Apesar disso, os medicamentos não conseguem eliminar totalmente o vírus, que acaba vencendo as defesas do corpo. E, infelizmente, ainda não há uma vacina para a aids.

Mesmo sem sintomas, as pessoas infectadas pelo vírus (chamadas soropositivos ou HIV-positivos) podem transmitir a doença.

Por meio de certos exames de sangue, a pessoa descobre se é portadora do HIV. Mas, mesmo que o resultado dê positivo, é necessário repeti-lo para confirmar o resultado. Além disso, ele torna-se mais confiável só cerca de três meses após o contato com o vírus. Isso significa que, antes desse período, ele pode dar negativo mesmo que a pessoa já esteja infectada pelo vírus (e possa transmiti-lo).

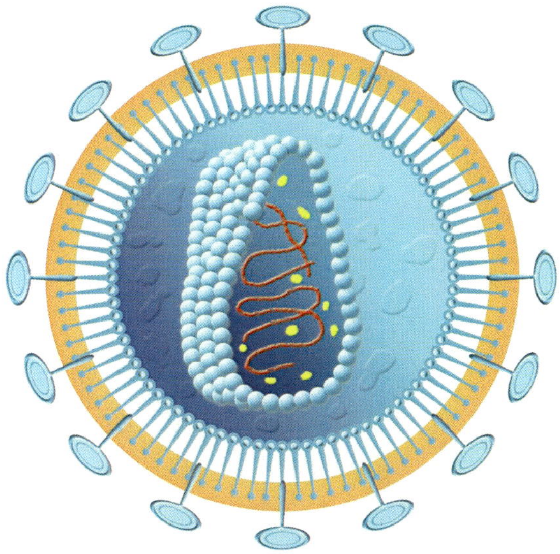

O vírus da aids. O material genético do vírus está representado nos dois fios no centro do desenho.

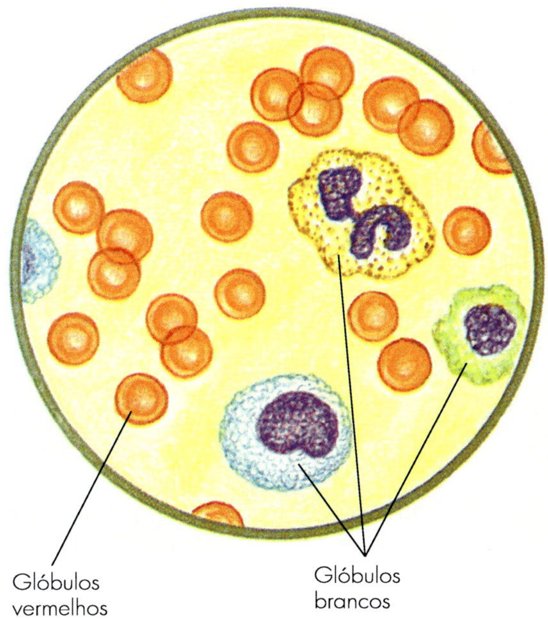

Esquema de sangue humano visto ao microscópio.

O teste e a comunicação do resultado devem ser feitos pelo médico. É preciso levar em conta sempre que o resultado indica apenas que a pessoa é soropositiva, mas, como vimos, ela pode não ter nenhum sintoma da aids por muito tempo (embora possa transmitir o vírus para outras pessoas). Como vimos, também, o tratamento adequado pode prolongar muito esse tempo. Por isso, se os exames indicarem que a pessoa é portadora do vírus HIV, ela:

- deve procurar logo o médico;
- deve contar o fato ao parceiro com quem teve relação sexual;
- deve usar camisinha sempre ou evitar ter relações sexuais;
- não deve doar sangue nem compartilhar seringas ou outros objetos que possam entrar em contato com o sangue;
- se for uma mulher grávida, deve usar, sob orientação médica, os medicamentos que combatem o vírus e diminuem as chances de transmissão para a criança.

Como se pega

O vírus é encontrado principalmente no sangue, no esperma, nas secreções da vagina e no leite materno. Por isso, a aids pode ser transmitida das seguintes maneiras:

A) Relação sexual sem camisinha. O vírus pode penetrar no organismo através da mucosa (membrana que forra várias cavidades do corpo) da vagina, do ânus ou através de pequenas lesões na pele do pênis. Uma única relação sexual pode ser suficiente para transmitir o vírus. Por isso, para evitar a aids use sempre camisinha nas relações sexuais (mesmo assim, existe um risco de a camisinha se romper, mas ele diminui muito com o uso correto). No sexo oral também pode haver transmissão do vírus, através do contato da boca com esperma ou secreções vaginais. No beijo, a transmissão seria teoricamente possível em caso de feridas ou sangramento das gengivas, mas não há caso comprovado. A explicação é que há muito pouco vírus na saliva. Além disso, a saliva possui enzimas que inativam o vírus.

Na foto à esquerda, pessoas deixam mensagens escritas em colcha de retalhos de 100 m², estendida no Vale do Anhangabaú (centro de São Paulo), em memória das milhares de vítimas da aids no Brasil (30/11/2001). Na foto à direita, estudantes confeccionam a "colcha da solidariedade", símbolo contra o preconceito aos portadores do vírus HIV, no Dia Mundial de Combate à Aids, em Brasília (1/12/2003).

EDUARDO KNAPP/FOLHA IMAGEM

SÉRGIO LIMA/FOLHA IMAGEM

B) Transfusão de sangue. O doador de sangue não corre risco de pegar aids: só a pessoa que recebe uma transfusão de sangue (ou de algum derivado do sangue) pode contrair aids se o sangue estiver contaminado. Por isso, o sangue usado na transfusão tem de passar pelo teste do vírus. Em muitos países, como no Brasil, a fiscalização dos bancos de sangue pelo governo fez diminuir muito essa forma de transmissão.

C) Uso de drogas injetáveis com seringas contaminadas. Essa forma de transmissão acontece quando pessoas portadoras do vírus compartilham seringas e agulhas usadas para injetar drogas no sangue (um hábito comum entre os dependentes dessas drogas).

D) Gravidez. O vírus pode passar da mãe para o filho durante a gravidez, no parto ou na amamentação. Por isso, mulheres grávidas devem fazer o teste da aids. O uso de medicamentos contra o vírus durante a gravidez diminui (mas não evita) a possibilidade dessa transmissão.

E) Objetos perfurantes ou cortantes com sangue contaminado. Para evitar esse tipo de contaminação, seringas, agulhas, lâminas de barbear, tesouras, alicates de unha e instrumentos de corte utilizados por médicos, dentistas e manicures ou em tatuagens e acupuntura devem sempre ser limpos e esterilizados em estufas ou por produtos químicos. Seringas e agulhas usadas para injeções devem ser do tipo descartável.

Não há casos de transmissão por picadas de insetos, abraços, apertos de mão, uso de sanitários, piscinas, toalhas, talheres, pratos ou copos, comidas, beijos, tosse, espirro ou contato social com pessoa portadora do vírus.

Os portadores do vírus devem procurar tratamento médico. A aids ainda não tem cura, mas há muitos medicamentos que combatem o vírus (embora eles produzam efeitos colaterais, que têm de ser acompanhados pelo médico). Além disso, existem antibióticos que combatem as infecções que atacam o portador do vírus. Tudo isso retarda bastante a evolução da doença e melhora muito a qualidade de vida e o estado geral do doente.

Aids: um problema social

A maior parte dos casos de aids ocorre nos países mais pobres do mundo, como certas regiões da África – justamente os países onde as pessoas não têm dinheiro para comprar os medicamentos de que necessitam, e onde são precários os programas de assistência e prevenção da doença.

No Brasil, no entanto, os doentes de aids recebem medicamentos gratuitos do governo nas unidades de saúde.

A vitória contra a aids não depende apenas da pesquisa científica. É preciso que os governos invistam em programas de prevenção e assistência, tornando os medicamentos acessíveis à população em geral. Também é necessário que todas as nações do mundo se esforcem para reduzir as disparidades de desenvolvimento.

7

Com as emoções a mil

Quem já não ficou totalmente confuso com os próprios sentimentos e emoções? Quem já não ficou bem em um momento e mal logo em seguida? Ah, e essa raiva que mal dá para controlar? E a expectativa da primeira transa, de como vai ser?

Sentimentos e emoções todo mundo tem, mas parece que o adolescente vive com os nervos à flor da pele. Antes se dizia que é assim mesmo, que faz parte dessa fase da vida: a culpa é dos hormônios, das crises de alguém que deixa de ser criança sem ainda ser adulto.

Muitos estudos têm sido feitos, e muitas novidades surpreendentes, reveladas.

O cérebro do adolescente

Não faz muito tempo, acreditava-se que o cérebro já estivesse completamente formado na adolescência. No entanto, pesquisas feitas durante os últimos anos mostraram que nessa fase as principais células do cérebro, os neurônios, começam a sofrer um novo arranjo. Muitas conexões novas se formam. As regiões onde se dão as maiores transformações estão relacionadas às emoções, à capacidade de avaliação e ao autocontrole. Portanto, não é por acaso que os adolescentes têm um comportamento tão impulsivo e temperamental.

A boa notícia é que durante a adolescência o cérebro vai se tornando, aos poucos, cada vez mais apto a planejar, organizar, controlar as emoções, entender os outros, fazer julgamentos – e até mesmo entender matemática! É também o período em que estamos totalmente abertos a novos conhecimentos.

Mas o cérebro não faz tudo sozinho. As mudanças acontecem também por influência do ambiente, da família, dos amigos – enfim, de tudo que vivenciamos. E, geralmente, as melhores vivências são aquelas que a gente busca e escolhe.

Paixão e sexo no laboratório

Não, não, esse título não é de nenhum romance erótico entre cientistas. Vamos ver, isso sim, o que a ciência tem a dizer sobre esses dois componentes das relações amorosas.

Relações sexuais podem gerar filhos. Por isso, do ponto de vista biológico, o sexo permite que nossos genes sejam transmitidos geração após geração e possibilita também a perpetuação da espécie.

Entre os animais, o sexo está bem ligado à reprodução e a todo o ato de cortejar, à sedução entre os seres envolvidos.

Não é de espantar que o sexo seja, em geral, uma atividade prazerosa. O orgasmo não deixa de ser um estímulo para a busca do sexo e, consequentemente, para a reprodução.

Nos seres humanos, porém, a situação é mais complexa. Nós nos distanciamos muito dos demais animais, não só quanto ao comportamento sexual, como em outras dimensões da vida. Mas isso não quer dizer que a natureza tenha deixado de influenciar nosso comportamento. Ela apenas perdeu terreno (e muito) para a cultura.

No momento em que o ser humano compreendeu como se dava a reprodução e inventou os métodos anticoncepcionais, por exemplo, ele se libertou dessa "ditadura genética", afrouxando os laços entre sexo e reprodução. Tornamo-nos, até mesmo, capazes de ter uma coisa sem a outra.

Graças aos avanços da tecnologia, é possível saber hoje que o orgasmo está relacionado a uma pequena região do cérebro chamada amígdala (ela não tem nada a ver com a outra amígdala, ou tonsila, que fica na garganta). É possível determinar também que regiões do cérebro são estimuladas quando uma pessoa apaixonada vê uma foto do ser amado.

As fortes emoções que tomam conta da pessoa apaixonada estão ligadas a certos mensageiros químicos produzidos no cérebro, chamados neurotransmissores, que passam de uma célula nervosa a outra. Já se sabe que a dopamina e a feniletilamina estão envolvidas na paixão e que a ocitocina banha o cérebro durante o orgasmo (a ocitocina é um hormônio que estimula também as contrações do útero no momento do parto e provoca a liberação do leite na amamentação).

Mas, hoje, a paixão não precisa ser mais um arrebatamento bioquímico que faz as pessoas se unirem para procriar. Muitos casais decidem ficar junto mesmo sem ter filhos. E outros tantos permanecem junto depois de terem filhos, educá-los e entregá-los para a vida independente. As influências dos hormônios, dos neurotransmissores, são imensas, mas não o suficiente para nos transformar em autômatos. Por possuir um cérebro complexo, o ser humano tem grande capacidade de aprender e de modificar seu comportamento em razão de suas experiências pessoais. Podemos prever as consequências – às vezes, muito remotas – de nossas ações e, com isso, mudar muitas de nossas atitudes e reações.

FELICIDADE

Vários estudos científicos indicam que, em relação à conquista da felicidade, mais importante do que o dinheiro são as relações pessoais, a família, as amizades. Desde que uma pessoa tenha o suficiente para suas necessidades básicas (comida, abrigo, vestimentas), o aumento de ganhos materiais não contribui muito para a felicidade. O que realmente conta são os laços de amizade e a união com outras pessoas.

Os estudos indicam também que, ao ajudarmos os outros, estamos cultivando amizades e aumentando o nosso próprio nível de felicidade. A maioria dos indivíduos que se dedica a uma busca excessiva de bens materiais, que desconsidera outras pessoas em razão disso, tem dificuldade de manter ligações de amizade e união. E por mais que as aparências indiquem o contrário, não são felizes, conforme comprovado cientificamente.

Já sei namorar?

Os sentimentos dizem respeito ao que uma pessoa tem de mais íntimo. São eles – aliados à nossa maneira de ver o mundo, de pensar – que fazem uma pessoa ser o que ela é. Pode até haver pessoas bastante parecidas, mas o jeito como cada uma sente é muito particular, dela mesma.

Assim, lidar com os próprios sentimentos faz parte da vida de todo mundo. Se não tivermos medo deles – e às vezes eles assustam mesmo! –, quer dizer, se pudermos aceitar e entender os sentimentos que estão em nós, será mais fácil lidar com eles e compreender melhor as outras pessoas e nós mesmos.

Ninguém gosta de ser rejeitado. Não é para menos: quando gostamos de uma pessoa que não corresponde é difícil não ficar triste e com raiva. Mas isso não quer dizer que há algo errado com quem foi rejeitado. Lembre-se de que ninguém consegue agradar a todos. Significa apenas que com aquela pessoa o relacionamento não deu certo ou não foi à frente. Aliás, parceiro perfeito não existe: todos temos alguma imperfeição.

Nem por isso o melhor é se isolar. Pode ser que, agindo assim, se evite algum sofrimento. Mas, com certeza, quem se isola com medo de ser rejeitado não vai saber o que é estar com uma pessoa de quem se gosta de maneira especial.

Para o bem ou para o mal, não existem receitas nem para namorar, nem para evitar um "fora", muito menos para ser feliz. Mas se tudo já estivesse definido, sem novidades e imprevistos, será que a vida teria alguma graça?

Muita gente faz do namoro uma espécie de esporte, em que o mais importante é vencer sempre e acumular o maior número de "pontos". Hoje, então, fala-se em "ficar", um relacionamento com menos compromisso que o namoro. "Ficar" pode ser uma forma de nos conhecermos melhor, saber como nos sentimos mais próximos de alguém que julgamos interessante. Mas também pode ser uma maneira de evitar o contato mais frequente e um certo compromisso. E aí, estamos sujeitos a perder o que há de melhor em um relacionamento.

Estar com uma pessoa de quem se gosta é fazer uma série de descobertas a respeito dela: o que ela pensa, como ela sente, o que imagina, o que sonha. E é fazer uma série de descobertas sobre si mesmo, pois é num relacionamento – e o namoro é um relacionamento muito especial – que podemos demonstrar, com conversas e atitudes, o que somos.

Aliás, conversar é uma palavra-chave para o sucesso de um relacionamento: falar com o parceiro sobre seus sentimentos de forma sincera, honesta.

Muitas vezes não damos importância para a conversa, dizemos até que "ficamos jogando conversa fora". No entanto, é difícil que nos tornemos íntimos, ligados a alguém, se não pudermos falar e nos abrir com essa pessoa. Ninguém tem bola de cristal para saber tudo sobre o outro.

Compartilhar certos momentos da vida com alguém – e, quem sabe, mais tarde, a vida inteira – pode ser muito bom. Mas ninguém é obrigado a ficar ou namorar, e quem não tem namorado ou namorada não tem de se sentir infeliz.

Acima de tudo, deve-se amar a si mesmo. Já virou lugar-comum dizer que quem não se ama não pode amar verdadeiramente outra pessoa. Mas nem por isso essa frase deixou de ser verdadeira.

E, afinal, o que é o amor?

O amor? Só vivendo é que se descobre.

Com o corpo e a mente em dia

Ninguém discute que para manter boa saúde é importante ter uma alimentação equilibrada, ingerindo os vários tipos de alimentos necessários ao corpo. Principalmente, sem abusar da chamada "comida rápida", ou *fast-food*, que não substitui uma refeição balanceada.

É muito importante também praticar esportes e atividades físicas adequadas para essa fase de desenvolvimento – sem exagero e com a orientação de profissionais.

Isso vale para garotos e garotas. As meninas devem ficar atentas também para que não sejam tão influenciadas por alguns padrões de beleza "da moda", que as fazem seguir dietas para perder peso sem orientação médica.

Outro ponto importante: bebidas alcoólicas podem causar lesões no cérebro de crianças e adolescentes. Estudos mostraram que jovens que consomem álcool têm a parte do cérebro relacionada à memória 10% menor. A bem da verdade, não se conhece nenhuma droga – álcool e fumo incluídos – que não faça mal à saúde do corpo e da mente, em qualquer idade.

O estresse (ou *stress*) é outro inimigo da saúde que está sempre por perto na vida agitada de hoje.

O estresse é um estado de tensão que toma conta de uma pessoa quando algo ameaça (ou ela pensa que ameaça) seu bem-estar.

É normal experimentar um pouco de estresse no dia a dia. Isso não quer dizer que vamos ter problemas por causa disso. Mas, se a situação que provoca o estresse persiste por muito tempo ou se repete constantemente, a pessoa pode se sentir mal, ficando permanentemente tensa, nervosa, e até apresentar problemas físicos.

Cada um precisa descobrir seu jeito particular de lidar com essas situações de forma saudável. Reservar um tempo para o lazer, praticar exercícios físicos, divertir-se na companhia de amigos e familiares são medidas que ajudam a relaxar e a combater esse mal dos dias atuais.

Aprender a avaliar os problemas sem exageros, sem imaginar catástrofes ou achar que eles vão durar para sempre é uma boa pedida. Às vezes, nossas expectativas são bem piores do que a realidade. Quantas vezes você achou que uma tarefa seria muito chata ou muito difícil e depois descobriu que ela foi fácil e até prazerosa?

Que tal usar seu tempo de forma inteligente? Escolha o horário em que você rende mais para estudar. Se você tem uma tarefa muito grande a fazer, não vá logo dizendo: "É demais pra mim!", "Ai!, que preguiça...". Divida-a em tarefas pequenas e gratifique-se ao acabar cada uma delas, escutando uma música, batendo um papo com um amigo ou amiga.

Ao estudar, viva esse momento, pense nas coisas novas que está aprendendo. A nota da prova será uma consequência. Quando uma pessoa viaja, ela não deve ficar com a cabeça só na chegada, mas precisa aproveitar o percurso da viagem, até chegar ao destino. Fazendo assim, quem sabe você não descobre que muitos assuntos podem proporcionar um prazer que nem imaginava ser possível?!

Tanto no trabalho como nos estudos, evite cair na armadilha do perfeccionismo, que é a necessidade de fazer tudo perfeitamente, sem erro nenhum. Se pensar assim, você acabará não fazendo nada, ou ficará sempre insatisfeito com o que fez.

Afinal, todos nós cometemos erros ao longo da vida. Mas é justamente com eles que aprendemos algo novo.

Continuação da história da página 11

V

— Não me diga que a Renata está grávida. Rodrigo, você não podia fazer isso com a garota! Você não podia fazer isso comigo!

— Poxa, eu achei que você ia me dar uma força e você vem com bronca...

— O que você quer que eu diga? Eu estou arrasada!

— Ora, mãe, eu e você sempre conversamos sobre tudo... sobre sexo... Eu tava tranquilo, eu sei que a Rê toma pílula. Mas aconteceu. O exame que ela fez deu positivo e ela está grávida mesmo. Mas se você não pode me ajudar, tudo bem, eu vou falar com outra pessoa.

— Que outra pessoa?... Não, espere aí, filho. Eu entendo que você esteja bravo comigo, mas procure me entender também... Conversar sobre sexo é uma coisa. Agora você está me trazendo um problema de verdade...

— Mãe, eu preciso de você. Diga que me ajuda!

— É claro que sim, Rodrigo. Que tal você trazer a Renata aqui e nós três conversarmos sobre o que é possível fazer? Acho que é um primeiro passo, não é?

VI

— Não consigo parar de pensar no Fábio. Ele não deu nenhuma notícia até agora! — comentou Maíra para Gabriel, assim que entraram os comerciais.

— Eu também... — falou Gabriel, olhando para a namorada recostada em seu ombro. — Se eu tivesse conversado com ele ontem...

— Gato, você ainda está se culpando por isso? Tudo bem que o Fábio estivesse até meio desesperado, mas acho que ele e a Tânia não vão fazer nada sem pensar. Além do mais, a gente nem sabe o que está acontecendo. Nem se ela tá grávida mesmo.

— Espero que não — disse ele, preocupado. — Mas que droga! Tem horas em que a vida fica complicada demais pra minha cabeça!

— Tem horas em que a vida *é* mesmo complicada e não adianta fazer de conta que está tudo bem...

O som do telefone interrompeu o que Maíra estava dizendo. Era Fábio.

— Mas por onde você andou, cara? Tá tudo bem com a Tânia? — Gabriel foi logo perguntando.

O telefonema foi breve, mas ao desligar ele já parecia bem mais tranquilo. Ao seu lado, Maíra mal podia esperar para ouvir as notícias.

— E aí, o que foi que ele disse?

— Fica tranquila, gata. Ele está bem. Ele foi levar a Tânia hoje cedo para fazer um exame. Ela tem uma prima que trabalha num laboratório...

— E o resultado?

— Deu negativo — revelou Gabriel, sorrindo para a namorada. — Ele quer que a gente vá se encontrar com ele lá naquela lanchonete perto do colégio.

— Então vamos lá! — concordou Maíra, já pegando a bolsa para saírem.

Ao se encontrarem, Gabriel deixou claro ao amigo o quanto estava feliz por vê-lo, esperando no íntimo que Fábio já o tivesse perdoado.

No entanto, o momento não era de comemoração. Afinal, o exame de Tânia poderia ter dado positivo, como o de Renata, da minissérie. Mas tudo o que aconteceu durante aqueles dias teve uma grande importância na vida de cada um. Eles descobriram que os conflitos podem ser resolvidos. Mais do que isso: nem sempre os problemas são tão grandes assim quando estamos dispostos a enfrentá-los.